品牌建设与管理经典译丛

The Classic Translated Series of Brand Building and Management

如何树立品牌

欧洲品牌管理法则50问答

〔德〕安昂德·奇舍（Arnd Zschiesche）

〔德〕奥利弗·艾瑞希罗（Oliver Errichiello）／著

熊 兴／译

REALITY IN BRANDING:

THE RULES OF EUROPEAN BRAND MANAGEMENT IN 50 ANSWERS

经济管理出版社

ECONOMY & MANAGEMENT PUBLISHING HOUSE

北京市版权局著作权合同登记：图字 01-2023-2745

REALITY IN BRANDING：THE RULES OF EUROPEAN BRAND MANAGEMENT IN 50 ANSWERS

2018 年该书名为 *Marke statt Meinung. Die Gesetze der Markenführung in 50 Antworten* 由德国 GABAL Verlag GmbH 出版社首次出版。

Text Copyright © 2020 Arnd Zschiesche, Oliver Errichiello

图书在版编目(CIP)数据

如何树立品牌：欧洲品牌管理法则50问答／（德）安昂德·奇舍，（德）奥利弗·艾瑞希罗著；熊兴译 . --北京：经济管理出版社,2023.6
（品牌建设与管理经典译丛）
ISBN 978-7-5096-9433-6

Ⅰ.①如…　Ⅱ.①安…　②奥…　③熊…　Ⅲ.①品牌—企业管理—问题解答
Ⅳ.①F273.2-44

中国国家版本馆 CIP 数据核字（2023）第 223353 号

责任编辑：张广花
责任印制：许　艳
责任校对：张晓燕

出版发行：经济管理出版社
　　　　　（北京市海淀区北蜂窝 8 号中雅大厦 A 座 11 层　100038）
网　　址：www. E-mp. com. cn
电　　话：(010)51915602
印　　刷：北京晨旭印刷厂
经　　销：新华书店
开　　本：710mm×1000mm /16
印　　张：13.5
字　　数：194 千字
版　　次：2023 年 6 月第 1 版　　2023 年 6 月第 1 次印刷
书　　号：ISBN 978-7-5096-9433-6
定　　价：58.00 元

在此感谢我的好兄弟查克·斯坦鲍尔以及我们之间将近三十年的兄弟情谊。我从他的身上学到了无论在什么情况下都要正直的道理。他自己就是一个品牌。①

致我的儿子利安德和雷昂内斯，从本质上来看，他们俩也已经是品牌了。

致我的战士西娜公主。

——安昂德·奇舍

向星辰出发！致我的儿子本特和莫滕。

——奥利弗·艾瑞希罗

感谢我们的翻译伯纳黛特·盖尔，感谢她一直以来的细心、理解和奉献。感谢她在这一复杂的翻译过程中和我们一起寻找并组合正确的单词。

质量是对人民的尊重。②

——埃内斯托·拉斐尔·格瓦拉·德·拉·塞尔纳(切·格瓦拉)

原古巴工业部长、国家银行行长

---

① 译注：将人比作一个品牌。

② Brandmeyer, Klaus：Unterwegs in Sachen Marke. Marketing Journal, Hamburg 1990, p. 45.

自 序

——以高价值为导向的欧洲大陆：
"欧洲风格"的品牌管理时代

随着人们之间的距离变得越来越近，生活节奏变得越来越快，人们必须在新环境中找到适合自己的节奏。个人在商业领域的成功必须满足两个基本要素：速度和世界上存在的普遍性。此时，速度是在市场运作中的一种策略。这种策略的成功永远不能用"过去时"来衡量。大多数公司都在某种程度上遵循了这一市场"指令"。人们经常听到"这是由市场决定的"作为对当前战略的关键问题的回答，这是不无道理的。市场需要我们这么做。虽然市场可能做一些事，但是它自身无法向企业提出任何需求。

欧洲公司的特点往往体现在它们对市场执行力和关联性有着截然不同的理解。实际上，欧洲公司的优势在于人们对它们的信任，并且这种信任通常可以代代相传。这不是一种自我感觉良好的"虚无缥缈的情感"，而是具有决定性的"看得见摸得着的事实"，这样有助于降低自身的交易成本。那些已经信任你的人，不需要再次被说服了！相反，所有工作的"说服"成本都是极高的。

由于欧洲的企业具有相对高的社会和生态标准，一些企业特别是中等规模的企业，其中不乏一些隐形冠军企业，却永远无法战胜来自亚洲和美国的没有名气但发展迅速的公司。它们需要更多时间来评估、优化和维护自身的"好名声"。它们从不幻想和预测，只投资于确定的未来场景。它们对标质量、着眼长远、重视品牌忠诚度，简而言之，它们在乎的是品牌实力。

在这种情况下，欧洲公司不能也绝对不允许自己的主张与表现和其他公司被置于同一水平线上进行衡量，也不可以使用部分与发展迅速的亚洲和美国公司相同的方法或者策略。因此，它们不可避免地会落后。此外，在这些发展迅速的公司中，许多公司尚未证明它们的商业模式是否会随着时间的推移具有可持续性（在某些情况下，这甚至不是其发展目标），又或者它们也尚未证明"当前的大公司"是否会在快速扩张的道路上疯狂一阵子后失败。

传统的欧洲品牌管理是不同的。无论是在德国、奥地利、法国、意大利、西班牙还是在北欧国家，原则上没有优劣之分，只是目标不同。而且它有一种更坚实的基础：它的优势会随着时间的推移而显现出来。与所有的现代潮流不同，在此期间，它会针对人们的习惯逐步地建立起信任。信任不是靠命令就能决定的，其发展缓慢且稳定。特别是处于不确定的时期，信任提供了方向和保证。因此，从经济的角度来说，这是可行且十分有效的。

这种认识以及鼓励自主经济行为的意愿，促使我们撰写了这本十分欧洲化的品牌管理的书，以此来防止欧洲公司犯错，并说服其他地区的人，这种模式是唯一被证明在经济上长期行之有效的模式。无论是从经济角度还是社会角度而言，涉及欧洲人对于品牌发展和传播的理解都是有意义的。

品牌化的历史十分悠久，从人们开始相互贸易以来，他们就已经给自己的产品打上了标记或者"烙印"。由于他们对于自己的工作和出身都十分骄傲，不管是制作来自索林根的刀具、波尔多的葡萄酒、瑞士的手表还是意大利的时装，他们都会理所当然地将这种自豪感转化为利润。这就关乎商业价值和情感利益：两者都可以用升值、定价和销量来进行衡量。商品不仅仅是人们达到目的的某种手段。一直以来，商品的价值不仅仅是其单纯的功效，其地位远高于此。它们向我们展示了其外在表现、发展历史以及特定的文化起源。这就导致品牌产品的风格和表现总是与众不同且不可替代。例如，在北京可以重现慕尼黑的皇家啤酒屋(The Munich Hofbräuhaus)，但是它永远不会呈现出巴伐利亚的原始风味。下面的这句话道明了其中的真相：风格越独特，其背后的品牌的社会吸引力就会越强。这不仅适用于高档品或者奢侈品，而且对于所有层次的产品都适用。

人们想要的东西对他们而言应该是特别的，可替代的东西对他们而言不具有任何吸引力。在一个似乎越来越同质化的世界里，品牌让人们感受到一些不同的特质，这些特质承载着先辈们的精神和人们美好的回忆。一个品牌的表现总是与其起源联系在一起，因为我们会把它与某些国家、城市或者地区的某一区域或者人群联系在一起。最早的贸易路线总是以特殊的产品来命名，如丝绸之路、香道、琥珀路，这并非巧合。产生这种多样性的原因在于个别商品和服务所处地域的历史。全球化和数字化的程度越高，原产地就越重要。

这往往丰富了我们的个人生活和活动。当购买商品时，我们总是透露出一些信息：哪些要素对我们很重要，我们希望别人如何看待自己，以及我们如何理解这个世界。这可能表现为来自特定产区的葡萄酒、用雪兰毛原料制成的毛衣、一部体现社会公平性的手机。甚至拒绝明显的品牌标识或独家品牌本身也是一种品牌声明。强势的品牌就是自己的品牌大使，它们传达关于自己的信息，这些信息与我们也有关。几千年来都是如此，因为这就是人们处事的方式。品牌是代表制造商和买方的双重声明。

人们认为欧洲是世界的博物馆。这是一个充满传统信仰、习俗和礼节的大陆：在其历史进程中，没有其他任何一个大陆能生产如此多种类的商品，这些商品包罗万象，遍布全球，至今仍然存在。这可能是因为：产品总是以一种类似的方式进行生产——经验会产生预期。这种预期不是偶然的，也不是在特定情境下发生的。相反，它发展成为一种态度和一系列仅仅被"坚持下来了"的预期，它提供了指导并为创造志同道合的群体提供了可能性。这种对"美名"特性根深蒂固的认知是解释当今品牌价值的真正驱动力。现代数字通信风暴中有无限的信号、渠道和参与者，在这场风暴中，一个有明确信号的强势品牌是市场上的灯塔。

由于欧洲大陆的特殊性，欧洲的经济专家和品牌从业者在很早的时候就开始应对"品牌"现象。直到20世纪50年代，美国人的观点才逐渐地对市场营销产生影响，这主要是由于美国对于世界经济起着举足轻重的作用。一旦大众市场的需求普遍得到满足，人们认为确保快速增长唯一的方法就是尽可能地面向不同的客户。"目标群体"的概念就此诞生，公司必须完全接受这一概念。这就导致了一个必然的结果：市场调研、大数据追踪以及以快速见效为导向，成为当今市场营销的特征。不同于长期的发展路径和建立信任，这种类型的营销是以快速启动为导向的，即优化半成品。无数的产品被召回证明了这一点。

创业公司典型的退出策略旨在尽快地将一种商业想法推向大众市场，接着扩大规模并进行推广。美国式营销的特点是倾向实用主义和速度。这种销售形式也是一个重要的先决条件，特别是在快速消费品领域。然而，如果不能部分保证其连续性，则代价却是惊人的。人们必须一次又一次地被一个(新)产品所征服。几十年，也许是几个世纪以来，有多少品牌用这种方式生存下来？像苹果(Apple)或者哈雷戴维森(Harley Davidson)等著名品牌，其发展方式和典型的美国品牌有极大的不同。

现在，与20世纪50~70年代的情况相比，模拟和数字渠道的形式都已经十分流行。品牌方如今都用类似的市场调研工具来分析相似的客户、目标群体和用户画像，并且它们通常得出相同的结论(这是因为品牌团队在类似的大学用类似的教材进行类似的训练)。结果是品牌之间完全可以互相替代，而这种现象所导致的更多宣传费用应当引起人们的注意。不幸的是，这种现象也发生在许多欧洲企业中，尽管它们往往只能通过一个"在××地制造"的声明来扩大企业规模。

每个品牌存在的原因和由此产生的价值都在于满足人们的期望。品牌以占据人们头脑中共同记忆空间的方式，减少为说服他人而付出的努力，增加价值主张，逐年降低交易成本。只有当公司和品牌的目标具有长期性时，才能取得成功。举个例子，像欧洲这样的经济体在很大程度上是建立在健康的中小企业(约占欧洲企业的85%)的基础上的。"中小企业"的特点通常是产权结构清晰以及股权比例较高。有时，作为一个值得信任的人，企业所有者的行为就代表着品牌的表现，并且其父亲和祖父甚至数代人可能也是如此。这种做法建立起了品牌的承诺，也使其自身增值，同时与客户建立了联系。

为了可持续的经济以及所有相关人员的利益，我们必须批判性地质疑将全球成功的模式不假思索地转移到成熟的业务和成功的结构上的做法。已经踏上新的、经过验证的道路上的人们，他们更关注"长期发展"，更倾向于信任而不是不明晰的短期的成功。因为"信任"是品牌存在的唯一理由，是维系品牌的唯一情感因素。

现在是时候从"美好的旧欧洲"吸取经验了。

我们对此深信不疑。

安昂德·奇舍

奥利弗·艾瑞希罗

前　言

如今的品牌化中存在的问题是什么？

　　品牌是一个能够激发出许多不同观点的话题。以树立品牌为主题的一大批出版物席卷了媒体和图书市场，让我们的大脑中同时充斥着智慧、肤浅的信息和一些不成熟的想法。毕竟，神经学家、生物学家、心理学家、经济学家、社会学家、律师、潮流和市场的研究人员、广告商以及其他的咨询师都贡献出了自己的智慧，他们也都对树立品牌这个话题有自己的见解。一些人喜欢科学地证明他们的理论和研究，并寻找证据来进行支持。为什么呢？举个例子，受试者被置于核磁共振成像仪中，以此来观察个体大脑区域对可口可乐和百事可乐的反应。这种实验很有趣，但是否有用呢？

　　世界各地的会议室和办公室里都在谈论着这个话题（不是讨论，也没有辩证）。无论是总经理或者首席执行官（Chief Executive Office，CEO），还是营销团队、职员或者大量自称品牌专家和广告专家的人，每个人都有自己的观点，且坚信在品牌的问题上他们能够分辨出什么是正确的和重要的。更不用说那些焦虑的老师们和其他自封的伦理学家了。许多受过教育的资产阶级大师喜欢对此发表评论，他们一贯保持着批评的态度，因为邪恶的品牌引诱我们的年轻人想要在操场上以"品牌"T恤、时髦的运动鞋或者昂贵的苹果手机脱颖而出。事实上，这种观念的侵蚀早就出现了，只是孩子们在1~6岁的稚嫩年纪没有意识到这一点。例如，以一辆幼儿版的博世汽车或者家庭旅行车作为儿童推车。

总之，品牌是无处不在的固定话题，是各个社交圈、阶层和年龄层次的争论点和热点话题。例如，选择苹果还是三星，选择福特还是丰田，选择麦当劳还是汉堡王，选择A旅馆还是B旅馆，等等。无论我们是否需要十分专业地与它们打交道，品牌每时每刻都与我们同在：从咖啡馆到体育馆、从酒吧到家里的客厅。即使在脸书（Facebook）上，品牌的"粉丝"也会点击并关注他们信任的折扣店，或者他们会为梦想中的汽车制造商点赞。在电视上，体育专家滔滔不绝地谈论着新英格兰爱国者队（New England Patriots）或者达拉斯牛仔队（Dallas Cowboys），甚至是宗教的高僧都会漫不经心地谈论起他们所在的教会在21世纪的核心品牌形象……并展示自己与时尚传播专业人士（以及他们时髦的胡子）的合影。私人广播公司可以与狂热的品牌和搞笑的广告商合作，区域广播公司可以与王牌品牌或者当地的商业帝国合作，无论是在传统媒体还是多媒体领域，主题的范围都是无穷的。

品牌自身也看到了这种潜力。在YouTube上，许多公司为客户提供了自己的"品牌渠道"，所有专业定位的品牌都可把Twitter、Facebook、Instagram和Pinterest作为分销自己产品的媒体舰队。然而，有关品牌的不成熟的行为也层出不穷、广泛存在：一个政党最近想通过在其标志上增加粉红色调来展示其"品牌的重新定位"，并且用新刷的一层油漆来证明它的更新。这些都很吸引人，并且也让我们联想到了这本书的核心问题：整体十分浮躁的品牌背后究竟隐藏了什么呢？

一个深刻的问题：观点太多，智慧太少

不幸的是，关于品牌主题的陈述中，大多数都是极其模糊的概念，或者根本就是错误的。尽管我们生活在一个个体化和鼓励自由思考的时代，但是我们必须迫切地指出：建立品牌和个人观点没有什么关系，但是却要遵守一定的社会规则。至少，当你在一个品牌团队中担任高管职位时，这一点是对的。因此，有必要首先从一个高度中立（但不是不掺杂感情或者态度冷漠）的局外人的角度来看待品牌化，以便能够识别并制定出一个成体系的关键结构。

我们必须停止这么做。停止采用我们所认为的应对这个关键话题的不合理的方式。我们的目标是阻止这些有时极其疯狂的错误判断所造成的毁灭性的经济后果，而这些错误的判断往往是由经验丰富的高管所做出的。即使是大众、奔驰、富国银行或者 Facebook 这样的大公司，在发生丑闻之后，也没有在事后处理方面取得任何进步。这些都有力地证明，人们对于品牌的影响（但最重要的是经济价值）存在许多误解。这些误解造成的损失远远超过了数十亿美元，因为它们不仅直接破坏了一个品牌中无价的信任感，同样也破坏了整个经济体系。德国著名的经济学家路德维希·艾哈德（Ludwig Erhard）曾说过："没有什么比失败的品牌产品对经济的损害更大了。"我们需要迫切地补充下面这句话：没有什么比没有严格按照个人原则和优势进行管理的品牌产品对经济的危害更大了。

为什么要写这本关于树立品牌的书？

我们举一个可能让每个人都能够感同身受的例子。如今，在谈话中出

现关于学校或者老师的话题时，许多人对这些话题的看法都比较坚定。为什么呢？因为在现代社会，几乎每个人都上过学，都和老师有过接触（或者通过自己的孩子继续与之接触），这是一个他们已经形成了自己观点的话题。类似地，如果谈话中涉及树立品牌的话题，很多人对此也有自己的看法。为什么呢？从周一早上的浴室到周日晚上的犯罪题材电视节目，每个人每一天在任何地方都会与品牌打交道，到处都充斥着品牌的广告。每个人都在不断地与品牌保持联系。这就是为什么每个人都对品牌有自己的看法。

原则上来说，每个人都有自己的观点肯定是一件好事，即使有时对于我们而言结果似乎是不能接受或者荒谬的。然而，要形成自己的观点，至少要具备一定的基本知识，而不是"可有可无的事实"。或者，正如美国社会学家、外交家和参议员丹尼尔·帕特里克·莫伊尼汉（Daniel Patrick Moynihan）曾经假设的那样，"每个人都有权保留自己的意见，但是没有人有权了解自身的事实"①。这项权利同样适用于品牌，因为它们通常只能通过销售额的下滑来反驳管理层或者外部顾问的意见。而到那时，错误已经发生了。

品牌化不是一个随意发表意见的游戏场——特别是在公司中

关于品牌建设最大的问题是，那些需要负责的人的意见是多样化的。有趣的是，处于最高层次的大部分人中，只有极少数人会认为他们做出强有力的结论仅仅是基于事实的依据，一提到"品牌"这个词，经常会有非同寻常的事情发生——在会议室中会出现不同人发表的意见和感受。经济指

---

① 参见 https：//www. nytimes. com/1989/04/25/us/washington-talk-statescircle-their-wagons-for-the-money-wars. html。

标，甚至是公司所做的普遍的市场调研，都不得不暂时搁置。"我的意思是……""我相信……""我认为……"，这些带着犹豫色彩的句子开始出现了。这些句子的出现通常伴随的是长时间的讨论，因为现在不是(不再是)有关事实。会议室里的个人观点听起来是不具备分析能力的，除非某些人拿出数据或者综合的市场调研来证实他们个人的观点。不久之后，其他人就会有不同的解读。以此类推。因此，品牌这个话题总是会引发很多的观点，这种情况随时随地在发生。但是，在公司中，这种情况是绝不允许发生的。

这是一个严重的错误。品牌管理要有明确的规则。对于一个品牌而言，没有什么比观点过多更具毁灭性了。因此，品牌社会学的一条基本规律是：品牌总是从内部被摧毁，而不是从外部。

世界上没有哪个品牌是因为客户一夜之间决定不再购买该品牌的其他产品而走向失败的。如果管理层不理解或者不想理解客户对"品牌的期望"(以及他们所不期望的)，品牌就会失败。良好的品牌管理需要谦逊、服从的态度以及对一个体系具有敏感性，一套行之有效的成功体系远胜于任何个人管理者或者现任董事、总经理。然而，当自由的个人自身就拥有许多不同观点，且这些观点随处可以被听到、看到、呼吁、推广时，这些体系就很难得到实施。

不断地有人向我们暗示，我们的意见很受欢迎：在互联网，几乎每件事上都要询问我们的偏好和意见。讨论购物经验、看医生、参加研讨会、咨询律师，甚至是离开公共厕所，我们也会被以按笑脸按钮的形式征求意见(有时还会有优惠券作为一种"答谢")。世界上从来没有这么多的意见，这些意见在之前也从未产生过这么多的利益。但是，很遗憾这种利益只能精确地计算出平均数。

品牌永远是与众不同的，而不是平庸的

折扣店、烧烤摊或者皇冠宝石，每个品牌的存在都基于一个事实，那就是它从不平庸。相反，品牌永远是与众不同的。品牌与众不同的唯一原因是其成功地向外界传达了明确的、独特的信息，这就是一家公司能够成为一个品牌的原因。一家公司要想成为一个品牌，仅仅靠收到上万条消息并积极回应是不可能的。

廉价、昂贵、美味、安全、舒适、具有社交性、强壮、快速、健康、生态……这些极其清晰的信息，从其独特性来看，往往会被市场营销成功地拆分成完全抽象的东西。快速营销方面的专家通过彻底模糊之前完全清晰的产品线来做到这一点，他们的终极目标是为每个潜在目标群体、每个年龄层次、每个工资水平和每个社会阶层提供有吸引力的产品。

由于品牌的可替代性越来越强，它丧失了独特性的同时，也就失去了辨识度，公司存在的基础就这样被破坏了，其经济基础也遭到了损害。梅赛德斯-奔驰（Mercedes-Benz）的香水或大众（Volkswagen）品牌的豪华汽车（在德语中是指"人民的汽车"）只是"发展不可辨识性"这一原则下的两个特别突出的例子。在某种程度上，所有的方法都会导致一样的结果：多年来一直为公司提供融资的核心客户越来越不认可"他们长期购买的"品牌，并在某个时刻停止购买，或者品牌方可以通过更高的折扣来说服他们在一段时间内继续购买。

在许多国家，政党已经不再关心他们的核心客户，而是更喜欢一种"我对所有人而言都十分具有吸引力"的态度（就像非政治性的营销一样），选民实际上被迫成为独立的/改变立场的选民，又或者是选举出极左或极右的极端政党。这里再举一个例子。即使是对汽车感兴趣的人，也只能在

非常接近汽车且认出其标识的情况下，才能够分辨出"标准的"制造品牌的"标准"车系。重要的是，与设计的一致性和扩大的车型形成对比的是，汽车上的品牌标识尺寸也在不断扩大。

尽管品牌方持续而广泛地用幻灯片展示、介绍、描述和讨论有关品牌建设和品牌维护等话题，并且用许多理论、方法和工具来进行解释，但错误依然会发生。目前已经有 88 种不同的品牌管理工具，以上这些工具只是较为著名的。早在 20 世纪 70 年代，市场营销专家就谈到了品牌领域的"巴比伦式混乱"（Babylonian Confusion）。在搜索引擎中输入关键词"品牌咨询"，你将会得到 81000 个搜索结果，尽管咨询师、书籍、研讨会和网络研讨会等词大量涌现，许多人希望与你一起阐明品牌的所有方面，并向你解释该话题。从本质上讲，这一切都标志着人们完全不清楚什么是树立品牌。问题是，虽然关于品牌的词汇、观点、理论、想法和模式有很多，但这些并不成体系。也就是说，品牌作为重要的经济因素之一，很少得到应有的对待。其中一个因素对于正确理解品牌至关重要：品牌从来不是抽象的，而总是具体的。

以上就是我们写这本书的原因。

目 录

|第三章|
品牌与表现

|第四章|
品牌及其起源与历史

|第五章|

品牌、品牌管理与策略

|第六章|

品牌、品牌名称和标志

| 第七章 |

品牌、市场营销和宣传

| 第八章 |

品牌与顾客

|第九章|

品牌管理、创新和未来

|第十章|

结论：关于品牌的未来

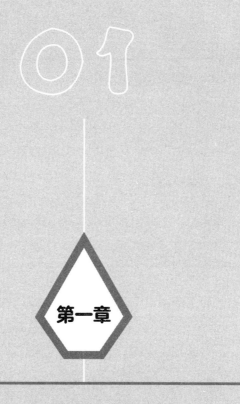

01

第一章

基本法则

乍一看，商品似乎是微不足道的东西且容易被理解。通过分析来看，实际上它是一种非常奇怪的事物，充满了形而上学和神学的微妙。就它的使用价值而言，它没有什么神秘之处……但是，当它一跃成为商品后，就变成了某种超然的事物。

——摘自卡尔·马克思于 1867 年创作的《资本论》(*Captial*) 的第一篇《商品的拜物教性质》(*The Fetishism of Commodities*)①

---

① Marx，Karl：Capital：A Critique of Political Economy. Vol. 1，Chapter 1：The Commodity，First Printing 1867. Quoted from the German Printing by Kröners Taschenausgabe，Stuttgart 1957.

1. 什么是品牌？

答案：品牌是一种积极的偏见（Positive Prejudice）。

每个品牌都代表了人们心中的积极偏见。从商业角度来看，每一个品牌的存在都是因为某一群人对这个特定品牌的表现持有积极的偏见。无论是区域性的瓷砖安装商 Nivea，还是你最喜欢的街角比萨店的比萨师傅，所有的全球性品牌，以及区域性的工匠或者附近的餐馆都有其立身之本，这其中都有一个特定的原因：由于总有一群人认可某家公司的特定行为，因此，在需要的时候，这些人经常会利用这些行为。本质上异质的群体对于某一种特定行为产生了积极的偏见，并建立起了一个关于这种行为的同质性群体。

积极偏见的产生遵循着一般的自然社会原则：一家公司的表现得到了某一特定群体的回应，随后这些人愿意反复地将资金投入到品牌的这一特定的表现中。对于供应商而言，这一群体定期贡献的销量是其经济上的保障。只有拥有这些回头客，负责任的公司才能够得到关于成本和价格计算的可靠依据。因为只有老客户才能够提供前瞻性的指导和行动。我们谈论的无论是乡村的街角酒吧、袜子还是公寓里的电梯，一个品牌的影响力并不是简单地基于在"某种程度上"预先确定的受欢迎程度。它从某一群人成为回头客的那一刻起就开始起作用，这些人把钱托付给了公司，且通常是预先支付，因为他们已经对这种特殊行为产生了信任。因此，积极的品牌偏见总是与品牌的表现相结合，这是品牌长期表现良好的结果。

良好的表现创造积极的偏见

这一"简单的"社会现象对于树立品牌而言是十分重要的。一些人对一家公司的表现一直很满意，因为他们感到十分满意从而反复购买，且从不对品牌感到失望。结果是一部分人对于公司表现产生了积极的评价，买家的数量逐渐增加。世界上每个品牌的运作都建立在"预判"的基础上，即使是一家不以品牌形式出现在公众面前的 B2B（Business-to-Business）公司，其存在也只是因为其贸易伙伴对其表现持有积极的偏见。

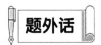

形象突难和公关中的最坏情况
——它们如何影响客户当前的偏见

长期以来，偏见本身就存在着严重的形象问题，因为它被大家熟知的就是其负面的内涵。这是普遍的想法：你必须与偏见作斗争，直至最后消灭它，因为通常人们认为无知的人才会有偏见。偏见的流行以及其对贬低性"预判"的抵制和恐惧，与它们被历史证明的渗透力和往往完全无法估计的后果有很大关系：偏见会动员群众，并且在最糟糕的情况下，它的作用就像社会的"助燃剂"。因此，一些政客面临着普遍支持率下降的难题，同时，却在行使权力的过程中又扩大了自身的利益，这些政客会成为社会的纵火狂……至少在选民前往投票箱投票的前一周。他们是如何有效地做到这一点的？就是有意识地公开说两三句话，来鼓动选民产生适宜的共同偏见，从而鼓动其投票。

但是，为什么这种方法会如此有效呢？就像经过几个世纪发展起来的文化解释模式一样，通常来说，偏见拥有几乎不可战胜的社会能量。偏见拥有如此强大的力量，可以抵制更先进的知识、出于好意的他国节日或者其他试图遏制这些偏见的尝试。那些与强烈偏见作斗争的人机会渺茫，因为偏见与代代相传的信仰相违背，而这些信仰是相关人群自我形象的组成部分。换句话说，偏见是社会最坚固的部分。因此，存在一种严重的危险，即任何合乎道德而举起的食指都会在厚厚的老头骨上被折断。但这一切仅是部分真理。

"消极的偏见和积极的偏见相伴而生。它们是同一事物的两个不同的方面。"①社会学家马克思·霍克海默（Max Horkheimer）认为，每一种积极的偏见都包含着消极的方面，反之亦然。因此，从科学上来讲，偏见是一种中立的价值观，它本身并不是人类容忍度的失败，而仅仅是一种简化，它将一个群体中的个人行为多样性结合起来。从这个观点来看，如果没有偏见，我们不可能在杂货店关门前十分钟高效地购物。否则我们为什么要相信达能（Danone）、四季宝（Skippy）和盛美家（Smucker）不会在塑料容器中装满甲醛？我们为什么要搞清楚达能到底是怎样的品牌？

没有对品牌以及它们的表现的预先了解或者信任，大多数日常行为就像盲目地飞向火星一样荒谬。我们彻底地检查货架上的所有标签，即使保质期早就过了，我们也无法决定好选择哪种果酱。

在现代社会，考虑到较高的复杂性，偏见是获得对事物全面性的了解的基本前提。你是否真的想要在你的日常生活中不断地测试每一种偏见？你是否愿意在罗马或者巴勒莫亲自检查汽车是否停在人行横道上，而不是在奥斯陆、伦敦或者汉堡等地进行检查？当然，这些例子中确实有一些是负面的偏见。而且有时候，偏见会被拿来当成笑话，尽管它们缺乏政治上的正确性。

---

① Horkheimer，Max：Über das Vorurteil. Cologne and Opladen 1963，p. 8.

事物都具有两面性。那些顽固的偏见一方面导致了仇恨和最残酷的事件发生（而且每天都有新事件发生，每日的新闻都证明了这一点）。另一方面由于这些根深蒂固的社会特征的存在，对于经济主体而言是一件幸事。公司和它们的品牌之所以存在，是因为人们有一种积极的偏见，在面对柴油机排放丑闻、麋鹿测试、产品召回、仿制奶酪等问题时，这种偏见甚至被证明具有惊人的稳定性。如果大众汽车这个品牌几十年来没有通过其在汽车工程方面的杰出表现，在全球市场上成功地建立起强大、有利的优势，该公司就很难在"柴油门"事件中幸存下来。从这个角度来看，市场的本质就变得清晰起来：要想留在汽车业市场，宝马（BMW）、奥迪（Audi）、雷克萨斯（Lexus）或者特斯拉（Tesla）等制造商必须争夺关于性能最强烈的正面的偏见。偏见越强烈、越清晰，品牌就越有吸引力。因此，对于商务人士而言，收购或者重新激活老品牌往往比建立一个全新的品牌更容易。①原因仅仅是，人们已经对它们的表现产生了积极的偏见。因此，从字面意义上来说，这个品牌更容易被接受，从而节省了大量的介绍成本。

举一个关于偏见的例子。作为一名演讲者和讲师，如果在九年里，你在不同国家的不同听众群体面前反复地发起现场调查，问他们对沃尔沃（Volvo）品牌的看法，人们总是自发地提到三个词：瑞典血统、家庭友好和安全（顺序会存在交替）。因此，除了与瑞典血统和家庭友好的联系外，人们对沃尔沃汽车的安全性也存在积极的偏见。然而，当你问及构成奔驰、第一资本公司（Capital One）、好事达（Allstate）或者汽车报警系统蝰蛇（Viper）等品牌形象的要素时，"安全性"也经常被提及。这些品牌中，每一个品牌都可以声称安全本身就是一项"资产"。

至于沃尔沃，近年来，只要有人提到积极的偏见"瑞典血统"时，有时会有聪明的人提到"中国血统"。其背景是：2010年以来，沃尔沃汽车公司

---

① 今天，有专门销售老品牌的代理机构。你中意德律风根（Telefunken）还是汉诺马格（Hanomag）？例如，如果一家中国公司想要进入欧洲市场，对于它来说，为自己购买一个好的欧洲老品牌名称是值得的。

隶属于中国汽车集团浙江吉利控股集团有限公司。这是一个危险的品牌淡化的典型例子，至少当这一背景在产品或者公司的宣传中引人注目时。

为了使沃尔沃的"安全"这一抽象价值适用于品牌管理和整体战略，并将其作为工具专门用于宣传，就必须对沃尔沃系统中极具特色的因素进行研究。当然，这同样适用于上文提到的两个术语或具有偏向性的看法。对于品牌经理来说，关于偏见的社会事实包含了一个明确的任务，就是要找出对自己的表现产生偏见的原因。品牌管理不能建立在偏见或形象的基础上，因此，它总是一个"因果研究"的问题(见问题 16 和问题 17)。

公司的每一位品牌战略家在考虑品牌的新市场、新产品、产品线延伸等问题之前，都应该牢记一件事。即使是最强大的全球品牌，也最多只能灌输三种积极的偏见，并将其整合在一起。对于每一个从商的人来说，自己的品牌通常是日常生活中一个重要且复杂的因素。从实际上来看，这对他们的个人生存至关重要。对于那些普通的局外人来说，这个品牌也许只是他们日常生活中的一种积极偏见，影响着成千上万个日常决定中的一个。即便如此，这种积极的偏见通常也是品牌长期以来出色的表现积累的结果。例如，沃尔沃自 1927 年以来，一直在制造汽车和卡车方面十分成功。但是这也表明，要建立一种积极的偏见是多么的困难、耗时，即使是一种相对大量存在于日常生活中的产品也是如此。作为一个品牌负责人，你应该始终意识到一个事实，只有极少数的人对品牌本身感兴趣——通常只有品牌背后的公司才对品牌本身感兴趣。

积极的偏见是树立品牌的基础。

2. 品牌是如何创建的?

答案：一个人拥有一种不断追求和驱动自己的想法，且他/她的想法找到了追随者。

亨利·福特(Henry Ford)

梅丽塔·本茨(Melitta Bentz)

迪特里希·迪迪·马特希茨(Dietrich Didi Mateschitz)

乔治·阿玛尼(Giorgio Armani)

杰夫·贝佐斯(Jeff Bezos)

为什么将上述这些人联系在一起？因为他们发展了一个特定的概念，将其投入市场中并使其变得成熟，在此基础上，通常以自己的名义成立了他们的公司。这些人拥有完全不同的想法：一个人想把全世界饮用咖啡的人从咖啡渣中解放出来，于是他发明了咖啡过滤器；在同一时期，另一个人创立了商品生产文化(福特主义)；而下一个人则想用一种(他在亚洲发现的)含有牛磺酸的饮料来大幅提高欧洲人的工作效率。

无论这些人的个人驱动力是什么，或者他们痴迷于什么，他们都成功地使得一个想法获得经济方面的成功。一方面，这意味着他们找到了追随者，并将自己的想法付诸实践。另一方面，这些追随者足够多，且愿意定期将自己的金钱用来为品牌的表现付费。为了获得这种成功，许多创始人(这些人并不总是那些惊天动地的热门人物)投入了他们所有的积蓄，牺牲了他们的健康、友谊和伙伴，这恰恰说明了那些承受这些想法的人可以通过这些想法获得极大的内在动力、心理力量和驱动力。

成功很少是一蹴而就的。在 20 世纪 90 年代中期之前，没有人能够确定 1987 年创立的红牛品牌对于饮料市场而言是颠覆性的还是一时流行的（见问题 21）。特别是在创立的头几年，该品牌在销售方面几乎没有什么进展。这是很多品牌存在的典型现象。或者就像美国作家道格拉斯·库普兰（Douglas Coupland）所说的："没有风险的冒险就是迪士尼乐园。"①

每个品牌的产生原因都是因为一个想法或者一个人的创意，用社会学的术语来说，这是一个人的"格式塔理念"（Gestalt-idea）。

品牌的创建者脑海中出现的某些想法，（在他或者她看来）应该融入到一些人的日常生活中。通常来说，这样做是为了改进某些内容，或者是为了填补供给缺口。这些能够立马发现全新市场的先驱者开始变得罕见了。在大多数情况下，尤其是在如今往往极度分化和高度饱和的市场中，细节是关键。这些细节与很多人有关。想象力是不受限制的，它可以是一种新型的服务，或者是一项革命性的技术。它也可以是某款产品更便宜的价格，或者是一家咖啡馆的第 10 万个创意，该咖啡馆根据来自拉普兰德的特殊秘密程序高价过滤黑金咖啡，并且把雇佣全身文身的咖啡师作为其独特销售主张（Unique Selling Proposition，USP）。

这些（新兴的）企业借鉴了他们的想法，确保在大规模范围内具备适用性，并使之可扩展。令人兴奋的是，当你分析如何"拆分"一个品牌时，往往开始就有一个十分简单的想法。即使在通用电气（General Electric）这样的大公司中，托马斯·阿尔瓦·爱迪生（Thomas Alva Edison）和他在 1879 年发明的灯泡也只是公司历史性的开端。1972 年，耐克（Nike）在运动鞋领域推出了第一款真正意义上的运动鞋。这样的例子数不胜数。

在一种产品或者一项服务中增加创意会吸引更多的人，让人们通过无数个接触点形成对新表现的印象，这种做法产生的效果超越了传统的广

---

① Coupland，Douglas：Generation X：Tales for an Accelerated Culture. St. Martin's Griffin, 1991.

告。在积极的情况下，这个提议一开始会受到许多人的喜爱，接着得到了人们的普遍认可。在最好的情况下，产品或者服务的反响很好，许多人愿意定期将自己的血汗钱投给企业，因为这群人觉得商品或者服务的价值超过了他们眼中的实际货币价值。

在成功的例子中，就像"品牌球体"试图说明的那样，随着时间的推移，某些典型部分会围绕着最初的想法发展，即品牌与公众宣传的五个不同领域，如图1-2-1所示。

图1-2-1　品牌球体

资料来源：Büro für Markenentwicklung。

✎　创始者(在全球范围内)的个人理念确保了某种产品或服务可以进入市场，这通常是在广告/公关的支持下完成的。每个最终的产品都有特定的外观、形象或整体的视觉编码，这些编码将价值或特征进行符号化并传递给外部世界。凭借其外观，产品在公众面前成为其意义的承载者。

✎　分销领域也很关键。人们在哪里可以得到该产品？例如，是在每个便利店都能买到，还是只在药店销售？是在小卖部还是在专卖店？是在城市里有着美丽老建筑的资产阶级住宅区，还是在高速公路旁的工业园区？

◀ 目标群体是定期并愿意为这种表现付费的人群，我们称为客户群。人们常常忘记，这群人并不是被动的购买者；相反，他们是对品牌理念持积极态度的重要能量系统，是公司具有决定性作用的广告媒介（见问题 47 和问题 48）。永远不能认为一个品牌的客户群与品牌影响力和其外部影响力是无关的。举个例子，如果没有时尚的平面设计师、其他有创意的广告客户或者自认为是个人主义者（有时是存在主义者）的人，作为史蒂夫·乔布斯（Steve Jobs）开创的最初传奇——苹果品牌的第一批核心客户，将是不可想象的。

◀ 不得不提的是，管理层及其行为与品牌理念密切相关。特别是，如果一家品牌公司的理念一部分是关于社会、贴近自然、脚踏实地等，而其公关经理戴着一块沛纳海（Officine Panerai）手表，坐着兰博基尼（Lamborghini）汽车出席新闻发布会，并表现得傲慢自大，这种行为立即会被视为与品牌理念存在差异。如果该公司是一家家族企业，那么人们对其的感知将与对典型上市公司等的看法有所不同。

品牌球体表明，每一个新创意的成功都会伴随着一个复杂的社会系统。必须严格且全面地看待一个品牌的形象，并且更为重要的是，必须管理好品牌形象。品牌与品牌球体中提及的五个商品领域的核心理念联系得越紧密，其外部影响力就越强。这也就是有些品牌创始人总是暴躁的控制狂，对细节很执着，并不总是完全按照基本的民主原则来管理公司的原因之一。这也解释了为什么当企业逐渐成功地引入了企业的标准化结构之后，品牌的影响力往往会减弱，管理水平和绩效水平出现了较大的差异。

品牌工匠，贴近你的品牌表现

对品牌的分析反复表明，一家公司的经济衰退意味着客户对品牌的信心日益丧失，几乎总是与品牌业绩已经与创始人的核心理念偏离太远有关。有时，品牌表现偏离核心理念太远，公司里几乎每个人全神贯注于公司的新业绩（还没有完全掌握的东西），内部的关注点完全偏离了核心业绩。最初的核心理念使品牌的种种尝试成为可能，几十年来，它一直为品牌的发展可靠地注入资金。

举个例子：如果负责的技术或者医疗产品忽视其核心竞争力，只是将其产品在内部简化为"面包和黄油产品"（这是对注资产品的蔑称），会导致这一领域的质量缺陷。因此，对品牌固有的积极偏见会直接遭受来自内部的攻击。品牌社会学的一条基本规则是：**品牌通常是从内部被摧毁，而不是外部。品牌被摧毁是因为它们的管理层没有（或者不想）意识到品牌的特点，导致客户不再认可品牌的表现。**

无论一个品牌变得多么成功，随着时间的推移，构成品牌的基本理念会被证明具有惊人的一致性。例如，有一点是可以证明的，当公司偏离基本理念太远时，就无法实现经济上的成功。

3. 品牌是从什么时候存在的？

答案：品牌从人们开始相互交易的时候就存在了。

考古学家谈到，品牌已经被证实大约有 4000 年的历史了。在那时，人们会向他人提及或者推荐那些功效较好的品牌。商业的表现总是被打上品牌印记或者商标。铁匠在他铸造的剑上打上标记，酒瓶上的封条表明这酒的产地很好。从今天来看，决定性的因素是"商标"，即"品牌"，几千年来其实际功能并未改变。无论是古代斯巴达的经销商和潜在买家，还是现代雅典人在他/她最喜欢的品牌网店点击鼠标进行购买，在这个匿名的关系网络中，品牌在供应商和买家之间建立了信任的纽带。在购买的那一刻，买方必须相信其所购买的产品满足期望。至关重要的一点是，作为加深信任的一种手段，品牌必须不断适应文化、社会和技术的变化(见问题 14)。

从宣传者到影响者(当前企业进行品牌管理的必备条件)，都在做同样的事情：努力赢得信任。自商品市场产生以来，品牌在所有社会中都担任着重要的角色，而且随着越来越多的家族、宗教或者血统等传统的群体解体，品牌变得越来越重要。从社会的角度来看，这是很可悲的，但这就是事实。这正是品牌对于很多人而言是如此重要的原因，尤其是在一个越来越自主、越来越相信"无神论"的时代。

品牌概念的早期历史

几千年来，贸易、商业、艺术和手工艺一直是现实生活中的一部分。在古代，不断扩大的道路网络贯穿地中海地区，这些道路网络不仅为旅行者服务，其主要的功能是为军队和商人服务。全球贸易掌握在希腊人和腓尼基人（Phoenicians）手中。商人，而不是战士，找到了通往陆地和海洋的最短路线，他们把不为人知的、更有利可图的外国商品带到交易商那里。贸易运作的条件得到进一步的发展：造船术，更快、更可靠的生产方式，笔译和口译，以及贸易站点的建立，都是经济上成功的主要因素。西班牙的矿山生产黄金和白银；在安达卢西亚海岸，珊瑚被运送上岸；在加泰罗尼亚的海岸，人们潜水寻找珍珠。船只定期地将这些东西运往地中海地区的城市——阿拉伯的香料、埃及的亚麻布、克尼多斯（Knidos）或者罗德岛（Rhodes）的陶器、萨索斯岛（Thassos）的大理石以及优质的葡萄酒。在这些产地产品的加持下，出现了明确定义的期望，即品牌，起初这些都和它们的原产地密切相关。

亚里士多德是一位早期的品牌理论家

作为柏拉图著名的学生之一，亚里士多德对世界的发展做出了很大的贡献，而他甚至是一位早期的品牌理论家。很久以前，他写道："还有另外一种获得财富的方式，人们明确地称之为钱币。"对于亚里士多德来说，这种得到财富的方式主要表现为获取"某种手艺和技能"。这位哲学家和自然学家解释说，"以物易物最初始于自然界，因为一些人有盈余，而另外一些人缺少必需品"。然而，当"这些群体的人数增加"时，商业部门就发展起来了，因为"进口你想要的东西的地方或出口你有剩余的东西的地方"往往离得很远。亚里士多德确信，贸易"首先以一种简单的方式"开始，并通过"技能和经验"以及对"何处和如何获得最大的利润"的关注而得到完善。①

---

① Aristotele：Politics（Book 1）．Hamburg 1981.

在中世纪，城市中的专业化贸易兴盛起来。在城墙的保护下，一代又一代的工匠们继续发展自己的技能，根据行规和严谨的职业精神，他们的技能得到了明确的界定。第一批所谓的中世纪的商标诞生于 13 世纪。在那时，行会和专业协会发布了关于在其批准下所销售商品的生产和质量的指导方针，以保持其良好的声誉。所有产品都要经过严格的检验和审批。在产品上印上了城市的纹章，这说明了产品或其制造商特殊的责任感。这些标识就是最早的品牌标识。举个例子，来自德国索林根的餐具说明了产品的产地可以多么"与众不同"（见问题 22 至问题 25）。

作为一种标准化、清晰可辨的符号，在拥有声誉良好的检验机构的前提下，这些标识对顾客的采购决策会产生一定的影响。这些标识导致交易也可以在城墙外成功进行，在那里，行会标志使买家在购买决策的过程中放心，即使其与制造商没有任何直接接触。

随着工业化的开始和技术的飞速进步，19 世纪中叶的制造商能够在越来越短的时间内制造越来越多的产品。越来越快的交通工具的出现也扩大了公司的地理分布区域。城市飞速发展，人们从农村涌向大都市，对产品的需求不断增加。私人家庭的平均购买力有所提升。虽然这一切的发展使得商品种类越来越多，但是对商品的界定缺乏清晰度，而这些商品却要持续不断地分配给消费者。

生产的自动化程度越来越高，客户群体也在不断扩大，这对商品的认知产生了直接的影响，即生产者和客户之间出现了匿名化。过去，村里的每个人都知道牛奶或者肉来自哪里，而在喧嚣的城市中要做到这一点已经不可能了。因此，第一批品牌标识，如 1886 年创建的可口可乐（Coca-Cola）、1892 年创建的奥多尔（Odol）、1891 年创建的欧特家博士（Dr. Oetker）和 1907 年创建的宝莹（Persil）出现了，且这些品牌至今仍然存在（然而，可口可乐不再被视为是通过药房销售的药物）。正因如此，经典的、工业化制造的和品牌化的商品可以追溯到这个时期。今天的许多品牌标识都是在技术变革和动荡的时期开始的，当时的首批商品必须按照工业化的规模打造专业印记来证明它们的质量。

制造商与客户之间的空间和社会距离太远，根本无法建立起个人的信任基础。因此，产品包装成为广告设计人员首要考虑的因素之一。如今，这一领域已在大学设有专门的"包装设计"课程。

在 20 世纪早期，柏林的斯比特尔马克街区（Spittelmarkt）广告泛滥，如今的广告渗透度只是略微提高。从大厦墙上所贴的大图片可以识别出是自然疗法专家弗里德里希·爱德华德·比尔兹（Friedrich Eduard Bilz）发明的天然石灰提取物"Bilz-Brause"的广告。不久后，这个名字就变了，并且成为欧洲最古老的受保护的无酒精软饮料品牌 Sinalco。

> 品牌本身并不是现代的发明；给个人（个人所有的企业）生产的产品打上商标的过程是合理的，证明了其愿意为商品或者服务的质量负责。只是在现在的日常生活中，产品的外观、使用意义和地位都有了极大的改变和提高。

4. "品牌"一词是什么意思？

答案：品牌是基于对公司表现的信任。

受过教育的人喜欢批判地看待品牌。一个品牌的真实目的和建立的原因，往往基于深层次的伦理性，甚至基于渐进式的远见，而不是基于资本主义：**一个品牌通过其产品和整体的外观来赢得人们对其表现的信任。**

这种信任是所有与之相关的人都应该非常感激的行为，因为它毕竟促进、完善、点缀了人们的日常生活。那些在职业上受到影响的人、那些获得允许去指导一个已经获得全新信任的知名品牌的人也应该感激。客户对品牌的信任来之不易，这种信任既有利于客户的个人发展，也有利于整家公司和所有员工的发展。虽然"谦逊"这个词听起来有一点老套，当然它也确实不是一个时髦的词汇，但它对于有益的、严肃的品牌活动而言绝对是必不可少的。这里指的就是这样一个社会事实：就传统品牌而言，其他成千上万的人在很久以前已经煞费苦心地使用艰苦的脑力和体力劳动建立起了这个经济体系。这些准备工作让现在所有的在职员工从建立起来的信任中受益，所以它不可能是完全没有意义的、愚蠢的。这也是在公司中担任要职的人在每次思考21世纪的品牌战略时应该牢记的。

如果一家成功的公司经过几年或几十年，有时甚至是几个世纪才在市场上获得初步的信任，其表现应该得到极大的尊重。遗憾的是，当你看到一些公共管理人员关于其品牌声明和处理方式以及他们关于品牌的决定时，你会发现他们往往缺乏尊重。每个品牌都需要用一种高度敏感的态度，来应对同样高度敏感的社会内容及其对业务的决定性价值。除了(公众)信任外，没有什么能充分代表积极的品牌偏见。

使用"信任"这个关键术语，我们应该理解这里提出的"品牌"概念是一个极其长期的概念。一个品牌如果获得了真正的发展，意味着它已经为自己设定了长期创造大量经济附加值的目标，且这只能通过言行得体来实现。关键是要建立一家能世代相传的公司，从品牌社会学意义上来说是"可继承"的。当有人被问及"正经的"品牌名称时，人们会自发提起那些已经存在了很长时间的公司，这些公司已经实现了这种精准继承的过程。如果你只是想快速致富、迅速发展，这对你而言是一种错误的方式。信任是减少社会复杂性的关键方式。德国经济学家卡尔·克里斯蒂安·冯·魏茨泽克(Carl Christian von Weizsäcker)解释道："信任是一种降低合作成本的高效社会机制。"[①]其相关研究明确阐述了这一点：**没有信任，社会系统就不能有效地运行。**

无论目的是使公司的全球利润最大化，还是阻止全球气候变化，即使是在这样一个如东京和鹿特丹之间电子通信速度极快的时代，只有保证最低程度的相互信任，一群人才能很好地合作，成功地实现他们的目标。客户存在的唯一原因是他们对公司表现产生共同的(初步的)信任。

归根结底，在商业活动中，信任与你的对手是否能够提供预期结果的表现有关。即使在购买股票时，买方也必须相信公司的未来表现(见问题33)。越信任品牌的表现，品牌就越强势。无论品牌是在国内还是国外经营，或者一家公司是在中国生产纺织品，还是在三大洲和四个中介机构里创造附加值，信任始终是高效设计流程的关键要素，并且无处不在。即使在公司内部，对他人的信任和了解越多，所需的会议时间就越短。这正是为什么在小公司，一些重大的决策过程可以在几个小时内完成，而在大公

---

① Weizsäcker, Carl Christian von：Ordnung und Chaos in der Wirtschaft. In：Gerok, Wolfgang (editor)：Chaos und Ordnung in der belebten Natur. Freiburg 1988, p. 46.

司，可能需要几个月。信任是降低交易成本的关键。

如今，"信任"是一个流行的词语，但不幸的是，这个词经常被人误解，不得不用在许多套话中。无数的人和公司每天都在询问、宣传或恳求我们的信任。每场竞选演讲都以紧急呼吁"信任"某个职位的候选人而告终。关键是要明白，信任是不能被命令或强制的。例如，如果一个不明身份的律师强烈要求我们的信任，那么我们会本能地感觉到事情不对劲，即使这个来自遥远国家的拥有博士学位的不明身份的律师在一封(其中有许多拼写错误)电子邮件中宣布，他想把5600万美元转到我们的账户，我们会因此得到40%的奖励。

信任的作用正好相反：它总是在因果链的末端。只有当一个人或一家公司经过一段时间证明，以不变的方式和质量始终如一地提供与之相关的特征时，才能建立深厚的信任。在理想的情况下，我们看重品牌与众不同的特征，因为我们觉得它们与我们的性格相符，或者它们最理想化地满足了个人需求。然后，我们甚至可能会在Facebook上建立好友关系，成为"粉丝"，或者因为自尊心购买一辆巨大的运动型多功能车(Sport/Suburban Utility Vehicle，SUV)。当然，对外的说法是为了挚爱的家人的安全。

每一次积极的品牌购物体验都会与品牌之间产生一定的相互关系，这种相互关系不断降低我们的观察能力和测试欲望。但是，我们的信任范围是有区别的且大多数是明确界定的。我们信任我们最喜欢的餐厅所准备的一份美味的菜单，但我们更愿意把我们的银行业务以及对我们的账户或投资基金的信任，交给我们最喜欢的银行。这个例子恰恰反映了今天许多公司的要求：无论多么荒谬，客户都应该购买品牌的每一种产品。处于象牙塔中的董事会或者市场营销部的人员往往忘记，有价值的客户完全有能力得出自己的结论。如果大众汽车推出一款豪华车，那么包括大众汽车客户在内的很多人会很容易产生这样的想法，这款车并不代表大众汽车的核心表现，即使这种做法看起来是对大众汽车公司而言最无害的"失信"行为，因为它并没有造成任何人身伤害。另外，大多数对豪华车感兴趣的人不会把钱投资到一个由"普通制造商"创建的而不是以豪华车闻名的汽车品牌上。就这么简单（也很可悲）。

必须指出的是，我们的信任通常只限于每个品牌的一两个产品或服务领域。我们买了一条李维斯（Levi's）的牛仔裤或一件贝纳通（Benetton）的T恤，并不一定意味着我们要戴它们的太阳镜和手表，在身上喷它们的香水，枕在它们的枕头上再钻进它们的床单，即使外部授权给一些品牌带来了大量的资金。许多公司已经失败了，原因是其高估了它们的品牌在新的或者不同性能方面的力量。美国最大的固定书商巴诺书店（Barnes & Noble），在互联网书店领域与亚马逊（Amazon）的竞争中就有过这样的经历。当谷歌想用Google+与Facebook竞争时，以及当微软以其手机版的Windows系统与安卓系统竞争时，也发生了同样的情况。此外，我们的信任也有不同的强度。例如，对我们来说，我们可能更容易信任一个从未听说过的手帕纸制造商，而不是信任一家在社会服务领域募捐的不知名的公司。但在有重大疑问和严重的鼻窦炎感染的情况下，我们会选择拿起一张"舒洁（Kleenex）面巾纸"，并把钱转给红十字会（Red Cross）。

自古以来，品牌建设和信任建设的功能基本没有变化。而这对许多品牌来说，问题就产生了。可以勉强接受行为、时间和信任之间简单的联系。因为在这个世界里，所有事情都必须马上发生，人们似乎都以这样的方式工作，至少表面看上去是这样的。它是任何可持续的品牌获得成功和健康的企业家获得成长的原因，"精辟"的表述是：表现+时间＝信任≅品牌。

一家公司在较长的时间内提供其特定的表现，并具有稳定的质量和吸引力。因此，在新兴的客户群中形成了对这种表现的信任，并为他们所共享。这就是品牌建设开始的时刻。品牌拥有一个可靠的、人数较多的客户群，这个群体会经常为品牌的表现付费。这是一种双赢的局面。

> 信任是长期做好生意最有效的方式，无论这笔生意是区域性的还是全球性的。品牌管理首先应该进行信任管理。

5. 某些特定的品牌可否被视为信仰的替代品？甚至是一种替代性的信仰？

答案：有一点是肯定的：品牌满足了人类的需求，并且提供了一种方向感。另外，一些品牌填补了个人的空白，从而为其提供了支持和指导。

在一个看似完全开明的时代，大多数教堂却只在每年的 12 月 24 日挤满人，而在剩下的 364 天中，人们对于方向感和群体的深层次需求并没有被满足。对于西方世界的大部分地区而言，这的确是事实，而且对于许多人而言，他们因此产生了情感上的缺口，甚至是空虚感。

品牌是填补缺口的好方法(除了孩子、普拉提、猫狗、营养品等)。有些品牌完全可以胜任这一角色，并将这一角色发挥到极致。在一个广告活动中，哈雷戴维森将自己演绎为一个宗教团体，并以"阿门"一词结束了其令人印象深刻的广告视频。或者想想史蒂夫·乔布斯的传奇表演，他被其部分客户视为预言家，其产品展示上演了最极致的细节，并为他的苹果商店赋予了寺庙的特色。

如果基督教信徒在他们的汽车后窗贴上鱼的贴纸作为归属的象征，那么另一个信仰团体就在那里贴上一个被咬过的苹果。还有一些信徒用一张印有他们最喜欢的度假岛轮廓的贴纸来表达他们的信仰。例如，在德国，许多昂贵的汽车后面都贴着印有叙尔特岛(Sylt)轮廓的黑色汽车贴纸(见问题 25)，这是因为叙尔特岛是德国富豪和名人首选的岛屿，许多名贵汽车的后背装饰已经和该岛本身一样出名了(见问题 25)。在前面提到的核磁共振成像仪中，已经证明了信徒在看到品牌标志和看到教徽时所受刺激的大脑区域是相同的。因此，品牌充当了那些非信徒群体的镇痛剂，让他们从昂贵的太阳镜或其他身份象征中获得了自我肯定。就像信仰让我们感受到被接受和被爱一样，一些品牌也是如此，通过这种方式，它们也提高了个人的自尊心。

然而，从这个角度来看，在这个时代，家族或者宗教等传统的引导架构变得更加不稳定，对当今社会的重要性越来越低，这就带来了一定的负面的社会层面的后果——人类现在正跌跌撞撞进入缺乏承诺的时代。但从另一个角度来看，人类仍然在寻求个人层面的承诺。许多人仍在努力地寻找"终身伴侣"，但这通常在一生中至少要找两三次（因为根据统计，我们的寿命变得更长，并且由于数字化的存在，我们越来越频繁地寻找新的选择）。

就品牌而言，"旧的"导向性方式的解体造成了对新的社会形式的依赖和强化的倾向。这足以让人潸然泪下，但事实就是如此。像红牛（Red Bull）、宝马（BMW）、芭比（Barbie）或者乐高（Lego）等在个人的身份认同中发挥着重要作用的强势品牌成功地为许多客户创造了一种"信仰体系"。同时，一些互联网上的交友网站为客户提供了一种可以展示他们最喜欢的品牌的功能，以便向潜在的伴侣展示他们是什么类型的人。而当一个潜在的约会对象声称拉夫·劳伦（Ralph Lauren）、路虎（Land Rover）、巴伯尔（Barbour）和劳力士（Rolex）是他个人最喜爱的品牌时，谁不会在10秒内清晰地勾勒出画面？可以把这个例子视为笔者的低级趣味或者肤浅的愚见，或者也可以视为是一个正常的社会事件。

品牌也是一种信仰体系，因为一旦你信任甚至盲目地信任一个品牌时，即使是对其最正当的争议也会烟消云散。苹果的客户被称为"苹果的信徒"不是没有道理的，讨论 LG、三星（Samsung）或华为（Huawei）智能手机的性价比是否更高对这些人来说完全没有意义。他们对理性的争论充耳不闻（只要苹果明确地提供了他们所期望的产品）。苹果使人们做出了非常奇怪的事情：那些可能永远不会去野外露营的人，会在苹果公司向其门下商店交付新产品时像朝圣一样在行人区露营过夜，以便在第二天早上成为第一个将"iPhone ××"拿在手中的人。这背后一定有更多的原因，而不仅仅因为苹果公司技术优越和产品包装精美。

> 一些品牌已经成功地成为一些客户的"信仰"。在一个十分开明的世界里，它们展示了许多人对群体、异质性和个人认同的根深蒂固的渴望。

6. 品牌的"生命"从何而来？

答案：品牌从习惯中获得生命。品牌之所以存在是因为我们喜欢重复良好的体验。

《一个人的晚餐》(*Dinner for One*) 又名《90 岁生日》(*The 90th Birthday*)，是一部 18 分钟的短剧，改编自德国电视台于 1963 年录制的戏剧作品。短剧的情节是管家在他的雇主苏菲小姐的 90 岁生日时，为她最好的四个朋友（其实他们早就去世了）服务，同时还必须扮演每个人的角色。英国喜剧演员弗雷迪·弗里顿 (Freddie Frinton) 饰演的男管家巴特勒·詹姆斯 (Butler James) 一边工作，一边插科打诨，喝得越来越醉，在一张虎皮地毯上共被绊倒 11 次。

该短剧于 1963 年首次播出，自 1972 年以来，每年新年前夜都会播出，现在已经在多个频道播出。自 1988 年以来，它已被列入吉尼斯世界纪录，成为世界上播放次数最多的电视节目之一。在瑞士、奥地利、芬兰、挪威、瑞典、法罗群岛、南非、格陵兰岛、爱沙尼亚、澳大利亚、丹麦和卢森堡，《一个人的晚餐》也已经成为一个反复播放的热门节目。在瑞典，这段录像直到 1969 年才播放，因为巴特勒·詹姆斯在短剧中明显饮酒过量，而瑞典一直以来都对人们饮酒过量的问题存在争议。除此之外，只在世纪之交的时候对该节目提出了一次抗议。在 2017~2018 年的收视率中，德国有 1700 万人观看了该短剧，当晚播放了 23 次。这比 2015 年多了 80 万人次。①这个例子说明了什么？

---

① 资料来源：meedia. de。

你知道这部影片吗？你以前看过吗？是在新年前夜看的吗？是否观看了多次？但是为什么这样做呢？想必大家已经对剧情很熟悉了，故事内容真的没有那么复杂。

我们曾经喜欢的东西使我们想重复我们的美好经历。这可能不适用于我们生活的所有领域，也可能不适用于所有人。但是，一个能够每天都做出新颖的决定的人，并且在他/她生活的所有领域都这样做，这样的人是非常罕见的，他/她必须有相当多的时间和难以置信的精力。就个人而言，我们并不认识这样的人。在高度复杂和分化的现代社会中，这样的生活几乎是不可能的。尽管偏见是十分肤浅的，但对于人们而言却十分重要。

具有积极的偏见意味着我们可以在某一时刻放弃决策权，因为我们对其具有信任。这意味着，习惯有可能进入我们生活的某个领域，在最好的情况下，成为一种对我们个人来说意味着放松的仪式。现在请简单地想一想你最近在超市的购物篮，其中有多少商品是以前从未出现在你的购物篮中的？通常情况下，其中80%～90%的商品以前曾在购物篮中出现过。

> 认可意味着幸福，认可带来了安全感。世界越复杂，人们越渴望日常生活中熟悉和成熟的模式。

7. 一个品牌如何成为一种习惯？

答案：通过日常生活中的习惯。习惯是灵魂的客厅，而品牌是这个房间中重要的陈设品。

浴室里的高露洁（Colgate）牙膏、你在度假时发现的来自意大利的特制咖啡、你从小就喜欢喝的酸奶、你的孩子在浴缸里玩的摩比世界（Playmobil）海盗船、你每周日早上阅读的报纸、你的家人在某年春天度假时最爱的酒店，人们可以将美好的经历与某些事物联系起来。

的确如此。品牌有意识或无意识地存在于日常生活中，有时是受人喜爱的，是日常文化的一部分，也是一种社会事实，因此，可以用"习惯"一词来概括。在我们灵魂的客厅里，一切都应该是整洁的和可管理的，尤其是当我们周围的世界（表面上）不断地自我改造和（实际上）日益崩溃时。一个品牌所能达到的最好效果是融入到某种日常仪式中，或者成为个人习惯中的一种。像"我总是在中午从星巴克买一杯浓咖啡和一块布朗尼"这样的句子就是这个过程的典型例子。

从这个角度来看，品牌的永恒性与潮流无关。所有关于爱和生活方式的品牌、情感、抽象的品牌定义，以及公司的"愿景"和"使命"的谈论，都被认为是极其夸张的，而且大多与现实脱节。**一个品牌满足了人们的基本需求，从而帮助人们在复杂的日常生活中生存下来。**

一些品牌的做法非常全面。我们还与一些品牌进行内部合作。然而，我们购买的绝大多数东西都是我们出于习惯和过去美好的经历。通常，只有当一件东西突然从商店货架上消失时，我们才意识到它属于我们的"相关集合"。

注意：

如果广告公司告诉你，你传递的信息已经开始过时，你迫切需要一项新的宣传活动，这可能意味着你的广告刚刚开始流行起来，因为它正在定期重复。所以，请维持下去！（见问题43和问题44）

目前唯一颠覆性的想法是：一个品牌的存在仅仅是因为在日常生活中的某个时刻，它的产品为人们提供了可靠的帮助，正好解决了一个具体问题。

这里有几个例子。一张舒洁面巾纸可以帮助一个人在感冒时轻松地擤鼻涕，一件卡地亚（Cartier）珠宝可以帮助另一个人以他/她希望的方式展示自己。一致决定购买一台昂贵的美诺牌（Miele）烘干式洗衣机，让一个家庭产生了乐观的情绪，这台机器解决了未来许多年一直存在的"衣服堆积如山"的内部问题。

一个品牌由于重复和习惯而存在，它因此满足了人类对安全性和可靠性的基本需求。当我们对某些事物有了好感，我们通常不希望有太多的改变。这就是为什么品牌以预期的方式行事是如此地重要。这一认识也反驳了一个普遍存在的假设——我们被反复告知，在一个数字化飞速发展的世界，人们的愿望在不断变化，而这必须成为企业家行动的基本准则。技术和环境发生变化时，品牌始终根据规则在自己的品牌体系范围内变化。因为顾客总是必须要立即察觉到它们的品牌及其表现。

记者和（社交）媒体作为一个整体存在的基础是，他们每小时或每分钟都在接收和发布新闻。与此相反，品牌之所以存在，是因为它能尽快将新奇的事物和创新之处转化为人们熟知的东西。从第一天起，每一项创新都必须嵌入到自己的品牌模式中，从而与品牌紧密相连。"去创新"是每个品牌创新的目标。

无论是一个时髦的明星品牌，还是自动扶梯或螺丝钉制造商，每家公司都需要某些重复(内部和外部)的流程和产品,以便顺利运作。如果你试图每天重塑整个品牌的体系,你就不能通过以目标为导向的方式(从内部或外部)工作;每一件事都必须一再地接受质疑。这样一来,就无法建立信任,无法建立习惯,也就无法建立客户。永远记住,品牌的存在是因为人们对习惯的渴望,而不是因为人们对新事物的渴望。

> 每一个真正意义上的长期品牌的发展,每一种为盈利设计的体系都包含大量重复的事物。否则,从经济层面来看,品牌就无法存在,也无法传递明确的信息。

8. 为什么品牌如此重要？

对此，有三种不同的答案或者三种与此相关的观点。

(1) 从公司的角度回答：品牌是企业创造价值的保证。它们是每个经济体的支柱。

品牌作为有稳定价值的行为主体，是经济活动的基础。每个品牌都有助于经济的发展。品牌的作用是维持区域和全球市场的秩序，确保零售业的透明度，并不仅仅是为客户提供方向，品牌也为其他品牌或者市场参与者指明方向。每个市场都是品牌所提供的产品和服务的结果。"市场需要我们所提供的东西"是一句典型的营销格言，它将所描述的概念颠倒过来（通常用来解释廉价产品的提供），并将品牌从市场驱动因素转为被市场驱动。然而，可以肯定的是，只有当几个品牌同时在一个细分市场上推出各自品牌的产品，一个市场才能够形成。

归根结底，品牌也是推动市场进步的原因，因为它们在持续性地与其他品牌竞争，在许多高度竞争的行业，这几乎是推动市场进步的必要做法。这也导致了这样一个事实：在某些行业中，每个品牌在细分领域都有自己的产品，"无论遇到何种困难"，其负面结果就是市场过于饱和。此外，成熟的品牌受益于它们无须进行过多的解释，从而减少了公司的工作量，减轻了客户的"思考负担"，并为所有相关人员节省了大量的时间和金钱。

强势品牌具有显著的经济优势：

◀ 无论质量如何，品牌的商品通常能卖出更高的价格。

◀ 通过提高购买量，品牌的销售量可以显著提升，能够在市场上激发顾客更大的欲望。

    ◂   品牌有稳定的重复购买率,顾客的忠诚度更高。

    ◂   在购买品牌的过程中,还会购买品牌旗下的其他产品(交叉销售)。

    ◂   品牌被多次推荐。

    ◂   品牌在客户关怀和获客方面所需的成本明显更低。

    ◂   品牌和它们的客户对其信息/表现有持续的倍增作用。在有效的领导下,这种作用会继续增强(见问题 47 和问题 48)。

一个具有强烈的积极偏见的品牌拥有绝对的竞争优势。如今,"品牌"本身往往才是产生真正价值的唯一可能,也是其他人选择避免与品牌进行直接竞争的充分理由。强势品牌不需要证明其价格的合理性。像雨果博斯(Hugo Boss)这样的品牌不需要解释,它的西装为什么比男人衣仓(Men's Wearhouse)、科尔士(Kohl's)或者柏林顿(Burlington)的西装价格高。考虑到(高)价格,关于雨果博斯的积极偏见比其他高价格的品牌要多。但是其他品牌也有自己的优势,这主要归因于它们根深蒂固的偏见:男人衣仓、科尔士或者柏林顿都没必要指出,它们的商店也提供较为便宜的衣服。

(2)从客户的角度回答:品牌在日常生活中可以降低复杂度。只有对品牌具有积极的偏见,我们才能够保持行动的能力。

你已经知道这一点:在市场过度饱和的西方世界,品牌让人们的日常生活仍然可控。在 21 世纪,如果没有接受过汽车机械和电子学的教育,我们怎么能够购买汽车?毫无偏见地说,这是个不可能完成的任务。当你完成对每一个汽车品牌的测试和比较时,在电动汽车和氢能汽车的时代,将自己从 A 点输送到 B 点的能力都有望产生。在日常生活中,品牌充当了行动上真正的加速器。

因此,品牌创造了结构,从而满足了人们及其天性的需求。每个人会根据自己对环境的观察,主动尝试描绘世界的图像。也就是说,他们

创造了结构化的统一性，并且着手确认自己现有的（积极的或者消极的）偏见。

（3）从个人的角度回答：品牌为个人的自我意识提供了平台，使其能够多方面地展示自己和认识自己。它们的存在满足了人类的基本需求。

对品牌的讨论通常是关于一些效果好的、特别流行的例子——以个人直接接触形式为主的品牌，它们的社会规范在很大程度上是由社会强制执行的，品牌能够满足个人表达自己的愿望。因此，许多人认为品牌的存在与知名度存在一定的关系。人们希望自己的品牌得到认可。品牌的多样性为我们提供了一些实现差异化和创意的可能性。或者，正如品牌社会学家所说的那样：现存事物是在可操控的范围内。

人们喜欢表达自己。品牌是一种行之有效的手段，本身并不意味着"被动消费"（当然，这也是存在的）。其实，情况完全相反。许多品牌激发了我们的思维和行为方式。它们激励我们，让我们创造性地进行思考和采取行动。事物通常被描述为被动的对象。仔细观察，许多事物会激活我们，它们为我们的日常生活带来了刺激。例如，购买一件衣服可以让我们思考如何进行搭配，在何种场合穿它，以及如何将其与我们拥有的其他单品相结合；一瓶葡萄酒会让我们考虑是否在晚上和朋友在阳台上喝；等等。椅子、T恤衫、杯子或手表等个人物品对我们来说都可能被赋予很强烈的个人意义。

因此，这显然不是一个通过（更昂贵的）品牌来夸大自恋的自我表现的问题，这种想法过于短视，并将严重阻碍我们对品牌的理解。我们生活在一个几乎没有任何东西不是由别人制造的时代：厨房用具、厨房本身、假日、我们喝的茶、沙发、笔记本电脑，所有这些都不是我们自己创造的。耀眼的商品世界包罗万象。不消费是不可能的（除了一些非常独特的小众生活方式）。生活就是消费，消费就是生活，尽管这种见解对个人来说可能是令人沮丧的。我们收集我们周围的东西，因为它们对我们有意义。但是它们传达了许多关于我们和他人的信息。物品在我们的关系中发挥着重要作用。

简而言之，无论我们自觉或不自觉地行动和消费，每件产品、每项服务、我们每天使用的一切都会自动成为一种个人观点，尤其是当每个人的面前没有出现大的炫耀性标签，或者浮夸的汽车并未引发他人关注，以及相关人员基本上对消费者做出的决定和利用品牌来表达自我不感兴趣时。这个时代许多不同的产品与服务常常为我们提供新的可能性和视角。

品牌满足了基本的社会心理和个人的需求。因此，它们如今几乎在私人生活和职业生活的所有领域中随处可见。

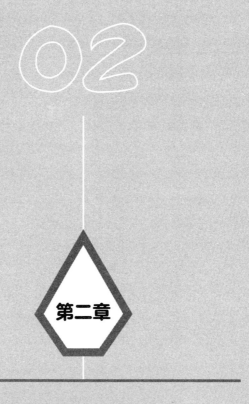

02

第二章

品牌和社会学

品牌的潜在动力主要不是受到经济规律的影响，而最重要的是受到社会规律的影响。这是因为，无法使用经济工具和方法来解释一种主要的社会心理现象。

——经济学家路德维希·贝勒科文(Ludwig Berekoven)①

---

① Berekoven, Ludwig: Geschichte des deutschen Einzelhandels. Frankfurt/ M. 1987.

9. 为什么社会学能够解释、阐述和强化一个品牌？

答案：社会学是研究社会联盟的科学，不仅研究人与人之间的联盟，也研究人与物之间的联盟。品牌就是社会联盟。

无数来自许多学科的科学家，众多的顾问、市场营销和广告专业人士，以及相当多的自称专家的人都认为：每个人都在与品牌打交道。特别是在娱乐公司，你甚至是在为一个品牌工作，这说明他们对这个概念的理解是非常深刻的。任何人在谷歌上搜索"品牌模式"，都会得到150万次搜索量，近90种模式已经广为人知。此外，还有已经提到的大量涉及音频品牌到自我品牌主题的书籍。那么，为什么社会学对品牌的理解更深刻呢？

由于学科的多样性和多功能性，社会学包含了许多定义，这是这门科学的最大优势，也是其弱点。社会学作为一门学科出现在启蒙运动时期绝非巧合，当时社会等级制度越来越受到质疑，社会结构被打破。几个世纪以来，被视为上帝赐予和不可动摇的等级制度在当时遭受到人们的质疑和越来越多人的反对，这一发展在1789年的法国大革命中达到了激进的高潮。

19世纪，随着工业化的进步和大规模社会动荡，社会学成为一门独立的、独特的学科，从而对社会现象进行了更深入的研究。例如，美国著名的芝加哥社会学派（Chicago School of Society）之所以成立，是因为该学派的科学家们在城市里能够像在显微镜下一样研究城市化的集中问题，在一个有限的空间里研究不同的文化和社会环境，以及它们的问题和影响。奥古斯特·孔德（Auguste Comte）、爱米尔·涂尔干（Emile Durkheim）、马克斯·韦伯（Max Weber）、格奥尔格·齐美尔（Georg Simmel）和斐迪南·滕尼斯（Ferdinand Tönnies）通常被称为德国社会学的奠基人，卡尔·马克思也是代表人物之一。

知名的社会学学科，如城市社会学、家庭社会学、经济社会学和文化社会学，都是从近代无数复杂的问题中产生的，而这门学科往往更倾向于分支学科。毫无疑问，社会学分析、解释并形成可理解的社会联盟、结构和行为模式。它是一种用来识别和描述社会环境中反复出现的模式、联系和特殊性的方法。社会学家认识到社会的吸引或排斥机制，并能以此为基础进行有针对性的干预，使一个社会系统发挥作用或使其重新发挥作用。

可是这一切与品牌有什么关系？品牌是一个社会系统，是一个联盟网络，对某些人具有极大的吸引力，对其他人具有极大的排斥力。知名品牌已经能够建立自己的模式和特色，并将其作为日常生活的组成部分。尤其是强势品牌，其特点往往是极端的两极分化：一些人希望不惜一切代价与它联系在一起，而另一些人则鄙视这个品牌以及它的客户群。出于某些原因，人们希望将自己与对自己有吸引力或有帮助的品牌表现联系起来。关键在于：**人们不仅与其他人形成社会联盟，还与商品和服务形成社会联盟。如果没有这种意愿和人类对联盟的深层次需求，就无所谓品牌可言。**

销售意味着创造一条纽带。社会学的知识可以创造和加强联系。

10. 品牌社会学的科学模型是什么样的？

答案：每个品牌都是一个独立的、有生命力的联盟体系。一个有生命力的体系不能强制地将它变成一个联盟。

世界上任何品牌模式都无法解释与某些品牌结成社会联盟的原因，品牌模式只能解释关于单个品牌实体的分析和深入理解。这是品牌的魅力所在，也是其问题所在：它不是一种模式。它不遵循模式，也不能被强行纳入任何模式中，尤其是商业模式。**每个品牌都是高度社会化的，必须将其作为一种独特的社交生物来看待。每个品牌都是一种对经济有影响的社会现象。**

在一个看似是由数字驱动的经济界中心，这是一个深刻的社会现象吗？这必然会引发一系列问题。无论是塔吉特（Target）、沃尔玛（Walmart）、山姆会员店（Sam's Club），还是凯玛特（K-Mart）、香奈儿（Chanel），抑或是社区酒吧、咖啡店、快餐店，没有一个品牌可以完全按照经营比率来进行管理。至少从经济角度来看，如果它要"发挥作用"是不可能的。因此，首先必须要确定成功的具体原因，然后才能加以指导。一家在德国市场成功经营了50年廉价时装的服装连锁店的首席执行官解释："你可以把世界上最著名的经济学教授带到我们的子公司，我向你保证，他无法用商业管理的术语向你解释这个品牌能够实现增长与利润的原因和方法。"

谈到衣服的话题，为什么有些人愿意花39.90美元买一条牛仔裤，而另一些人愿意花139.90美元，还有一些人愿意花339.90美元？这个问题不能单纯地从商业角度来回答。这三种不同的购买行为完全基于三种不同品牌的牛仔裤。就有效的品牌管理而言，这意味着有效的战略决策需要对各自的品牌体系有深刻的了解。要重点分析品牌对其客户而言是独一无二的这一社会过程，无论是B2B或者B2C(Business-to-Consumer)商业模式，还是地区性和国际性的商业模式。这也意味着对完全基于公司内部及公司历史事实的定位。如果一个品牌的表现刺激了某些人购买，那么刺激购买的原因必须在公司内部，而且只能在公司内部(见问题17)。

是什么促使人们购买"他们的"品牌？是他们自己经常重复的良好体验，还是很多人告诉他们的这个品牌的良好表现？品牌的魅力或者说一些品牌唤醒人的某些情感的原因，总是出现在品牌的内部。这就是人们不得不追求品牌性能表现的原因。朗格(A. Lange & Söhne)手表的全球吸引力和客户忠诚度也是由于其独特的机械机芯和这家位于德国格拉苏蒂(Glashütte)小镇的手表工厂的历史。但其背后的原理对低成本的家用家具供应商或一家强大的B2B公司也同样有效。

请不要误解这一点：

显然，我们用卫生纸、文件夹或绷带组成的社会联盟不同于我们希望与伴侣、与家人达成的联盟，也不同于一些人与他们的房子、花园或心爱的汽车组成的联盟。我们联盟的强度自然有很大不同。当购买商品成为日常过程时，我们与商品的社会联盟就建立了。基于其表现或定期更新的积极偏见，该品牌在消费者心目中占据一个固定的位置：例如，嘴唇干裂时会想到ChapStick唇膏，购买洗涤剂时会想到汰渍(Tide)，购买图书时会想到亚马逊，等等。通过一个人与某个品牌表现之间的熟悉度，建立了基本的信任。这种联系也总是高度个性化的(见问题6和问题7)。

品牌社会学被定义为对品牌现象进行分析和寻找因果解释的学科。它有一种社会吸引力，可以有针对性地利用所获得的见解来强化和优化品牌。从本质上讲，该系统如何进一步增强吸引力？社会学使用全面的分析过程来确定品牌具体的联结点，这些联结点对顾客而言具有决定性的作用——品牌的"成功档案"（见问题 16 至问题 19）。

德国社会学创始人之一斐迪南·滕尼斯的经典社会学著作《共同体与社会》(*Community and Society*)，为这种方法提供了理论基础。该书于 1887 年发行，并在美国、日本和中国都有发行。如此"陈旧"的内容与 21 世纪的数字经济周期有什么关联？

尽管渠道发生了变化，但生产过程本身并没有发生变化。我们今天的思维仍然受两千年前的逻辑影响。如今，当品牌倡导"群体建设"时，实际上就是这个意思。好的方面是，群体不能被人为地创建（这对相关的营销人员来说是一件坏事）。

简而言之，斐迪南·滕尼斯分析了人类加入的两种不同类型的联盟，并分析了两个联盟的社会强度以及吸引力。基于群体的联盟比基于社会的联盟产生更强的吸引力，而基于社会的联盟是理性的、以目的为中心的联盟。一个强势品牌以强大的群体为特征，一些杰出的品牌甚至有很高比例是基于群体联盟的建设活动。

一个品牌的意义是其拥有一种自发的社会吸引力。如果将两个人巧妙地联合起来，它实际上可以具有双重吸引力。这总是会造成引人注目的场面，而不仅仅是当苹果在 2028 年推出新款 iPhone ××，或者在宾利车上安装百年灵(Breitling)计时表。此外，柏林公共交通公司(BVG)和阿迪达斯合作，推出了一款限量 500 双的阿迪达斯-BVG 运动鞋，有趣的是，当穿在脚上时，它将作为整个柏林公共交通网络的车票，全年有效。在社交网络平台上，这场运动引起了巨大的轰动，为 BVG 提供了无数的支持，品牌方确保在冬季零下摄氏度的气温下，在柏林为数不多的几家商店门前开展城市露营活动，并于第二天提供独家潮鞋（鞋舌处缝合了 BVG 的一张定制版柏林公交系统年票）。

尽管品牌方对这群人十分熟悉，但这绝对是一种"过度宰客"行为。对柏林公共交通公司而言却是一种全新的体验：在柏林克罗伊茨贝格区

（Kreuzberg），大约 300 个人在科佩尼克尔街（Köpenicker Strasse）的 Overkill 商店前扎营，成为第二天上午第一批购买柏林公共交通系统非常独特的年票（Jahresticket）的人。

> 每一个品牌都是商业世界中的一种社会现象。对于关注经济指标的人来说，社会现象很难理解和管理。这就导致了严重的错误和不理想的经济发展。

11. 当我们讨论购买某些品牌时，真正谈论的是心理学，为什么不是品牌心理学呢？

答案：因为品牌是一种大众化的心理现象。

我为什么要在早餐面包上抹上一层酱，或者在马球衫上涂上某个品牌的符号（即马球运动员），做出这些行为的原因只有我知道，不是吗？难道公司不需要从每个人的日常生活和情感世界入手，深入了解他们的个人购买冲动吗？

对上述问题的回答包括"是"和"不是"两个方面。

肯定的原因在于一个品牌对个人有吸引力，或者根本没有吸引力。因为每个人使用某个品牌都有其非常独特的原因。这些原因可能深深植根于每个人在做出一些购买决定时的心理。个人心理原因的范围是广泛的。原则上来看，第一个人只从奥乐齐（Aldi）购买商品，可能是因为他非常富有。第二个人从奥乐齐购买商品，是因为他没有多少钱，所以只能买打折的产品。第三个人是常客，因为商店在同一栋楼里，就在他的公寓楼下。第一个人买好时（Hershey's）巧克力是因为它唤起了童年的回忆；第二个人购买该品牌是因为他喜欢该品牌巧克力的口感丝滑；第三个人购买该品牌巧克力是因为他觉得包装很吸引人；等等。

但绝对不仅是因为以上提到的原因。如果没有成百上千的顾客，即使是最精致的奢侈品牌也不可能存在。即使是劳斯莱斯（Rolls Royce）这样的高端品牌，其每年全球销量也超过4000辆。如果劳斯莱斯现在开始对4011名个人客户进行心理研究，这一做法将是非常低效和昂贵的，对于任何一个销售数百万产品的大众品牌来说，都会引致其立即破产（聘请心理学家的费用也比社会学家的高，这是因为他们有固定且严格执行的时薪）。

品牌最初之所以存在，是因为它们吸引了大量的人，而不仅仅是几个人。因此，在这一逻辑中，品牌的表现范围中必须有特定的东西吸引某些人，这些东西与品牌相关：优惠的价格、高昂的价格、设计、本地的近距离、分销渠道、童年记忆、服务、原产地、绝佳的地位……这些有无限的可能性。从结构的角度来看，为每个人评估所有因素是一件可怕的事——最重要的是，这会导致混乱，从而导致整个品牌的原则十分荒谬。**强势品牌永远是信息的发送者，而不是接受者。**

品牌之所以成为品牌，只是因为它们成功地向市场发出了特定的（新）激励，甚至创造了一个新的市场。在这一点上，我们可以引用亨利·福特（Henry Ford）或史蒂夫·乔布斯（或两者）的话。我们将选择其中一位说过的话。"如果我问顾客想要什么，他们会说'跑得更快的马'。"（猜测一下，这句话是他们中的哪一位说的?）

值得注意的是，大多数对品牌的讨论都停留在心理层面，一般而言，很大一部分讨论都是通过心理学的分类和解释而进行的，尽管主要依赖的是"身边的心理学"（Psychology for Dummies），因为参与者很少是专业的心理学家，而是为个人（品牌）信念辩护的敏感人士。同样值得注意的是，许多常见的品牌相关概念包含了"意识""形象""情感"或（在最好的情况下）"信任"等术语。这些术语都不是经济学中的典型核心概念，而是心理学领域的概念。如果人们一致认为，商业成功的品牌必须说服尽可能多的人购买它们的产品，以将这些人转化为与品牌紧密相连的"客户群体"，那么很明显，必须有高级的品牌来负责这种超强的社会吸引力。即使是一个绝对高端的奢侈品牌，也必须拥有某种（尽管规模较小）消费者群体，这样才能生存。

每个品牌都建立了一个社会群体

在早期，社会学也被称为"大众的心理"。法国医生和社会心理学家古斯塔夫·勒庞（Gustave Le Bon）因其 1895 年的著作《乌合之众：大众心理研究》（*The Crowd*：*A Study of the Popular Mind*）而闻名，该著作研究了不稳定的、喜欢到处流动的（危险的）群体。而西格蒙德·弗洛伊德（Sigmund Freud）在 1921 年的研究《群体心理学与自我分析》（*Group Psychology and the Analysis of the Ego*）则侧重于那些并非在地理上聚集而是形成永久组织的群体，如军队或教堂。有两种类型的"群体"：一种是不受约束的群体，他们在街道上喧闹、闲逛；另一种是自我约束的群体，他们几乎从未在地理上聚集过，其特征是分享某种信念或享受某种事物，可以是一种音乐流派、一项运动、一种政治思想、一种信仰或某个特定作者。

对于品牌管理来说，那些永远无法在地理上聚集在一起的人群至关重要。一个品牌形成了一种心理纽带，或者更具体地说，是一种"群体"：一种个体之间的社会联盟，这些个体各异，但在他们的生活中的某个时刻与其他个体之间形成了一条想象中的纽带。今天，苹果产品的大量购买者本身就非常异质，拥有苹果产品的人是多样化的。然而，他们之间至少有一点联系：他们在自己生活中的某个领域非常信任苹果品牌，有过使用该品牌的良好体验，并且确信在这个特定的领域，苹果产品最符合他们的需求。

咖啡馆的顾客也可能非常不同：他们有不同的年龄、职业、地位等。然而，所有顾客的共同点是，他们喜欢在咖啡馆喝拿铁玛奇朵（Latte Macchiato）或吃肉桂卷。如果其他桌上的人和你有共鸣，这可能是一种不言而喻的自我肯定——从根本上来说，一方面是因为他们也喜欢这家店，从另一方面来看，你可能会发现他们与你有相似的态度和共同的审美情趣。任何一个

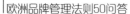

买了新车的人，在购买后都会不自觉地观察所有开同一品牌车的人。他们对我有吸引力吗？此处，品牌作为一个自我观察的系统，这个过程清楚地表明了一点——顾客从来都不是被动的群体，当事物的表现与他们的积极品牌偏见相匹配或不匹配时，他们会用自己的感官进行记录。

品牌的客户群是一群"自我管理的人"：

◄ 它有基于经验的自我判断。

◄ 它从未或很少被真正地集合起来。

◄ 参与者是自愿的。

◄ 他们的行动通常与一个品牌的核心表现有关——通常，是其核心的竞争力。

◄ 群体越是统一，对其他人就越有吸引力（见问题47和问题48）。

一个品牌往往通过公司自己的表现将很多本来完全独立的人连接起来，成为一个群体。该品牌之所以能做到这一点，是因为其个人产品对各个群体产生了社会吸引力。

12. 品牌是一种大众现象，但是它们必须单独吸引每位顾客。对于单个的品牌系统而言，这种观点意味着什么?

答案：品牌体系必须始终如一地提出或者再现其对集体吸引力至关重要的独特表现。

一个强大的品牌形成了个性和群体意识之间的枢纽。我们能够做些什么来确保这个枢纽的良好运行，确保品牌充分发挥其吸引力和价值创造的力量？

品牌是一种社会现象，它吸引着分散在世界各地的许多个体，但正是这一点使他们成为一个独立的群体。一个品牌解决了个人的个体需求和作为一个群体的一分子并希望在群体中体验安全感的明显矛盾。

像哈雷戴维森这样的品牌几乎完美地证明了这一点：一般认为，真正的摩托车手感觉自己是极具个性的，对他们来说，根据自己的品位独立设计摩托车绝对是他们的一份责任。但是，当成员在街上相遇或组织共同的公路旅行时，他们也希望感受到他们的联盟和群体的力量。问题在于，如今许多银行家买哈雷戴维森的摩托车只是为了在阳光明媚的周日骑着它沿着山腰兜风，成为闲暇时不刮胡子的"周末战士"，这也是哈雷戴维森客户社会结构中存在的一个问题，因为这个品牌是由通常留着长胡子的硬汉打造的，他们永远不会接受任何不"以它为生"（哈雷戴维森的广告语）、把胡子刮得干干净净的银行家（见问题 47）。因此，品牌经理的主要职责是独立确定对客户而言具有决定性意义的品牌共鸣点，并通过有针对性的、一致的方式利用这些共鸣点（见问题 16 至问题 20）。

大公司完全没有意识到这一点，而是越来越追求前文提到的品牌"心理化"路线。多年以来，它们试图通过市场研究工具和深入的心理学研究来了解它们的客户以及客户的内心世界，其目的是为客户提供更适合他们的产品和个性化的服务。但相反的路线才是正确的。就像一位优秀的心理学家或医生在给病人开药之前，首先应该对病人进行单独或全面的检查一样，一个善于分析的社会学家也是这样做的。首先他必须对整个品牌实体进行全面盘点，然后才能开处方或提出治疗建议。在了解外部情况之前，首先要对内部进行深入研究，如开展市场研究分析。必须在我们提出"别人怎么看我"这个问题之前，问"我是谁"还有"我怎么样"这样的问题，然后得到全面而具体的回答。因此，品牌社会学关于品牌系统的争论总是从内向外，而不是从外向内。

能多益巧克力酱（Nutella）的每个瓶子都是独一无二的，但里面却只有一样的棕色奶油状膏体。2017 年的夏天，作为这次包装活动的一部分，费列罗（Ferrero）公司在意大利卖出了 700 多万罐，其中采用的一种算法可以保证每个玻璃罐的设计都是独一无二的。这是一个理想的例子，说明了一个品牌是如何在保持高度个性化的同时，又可以实现社交平衡的。当然，一个品牌不能不断地进行这种丰富多彩的"短途旅行"。否则，从长远来看，会对能多益瓶子的形象或具有偏向性的意见产生影响。这种有针对性的和不受常规限制的模式之所以有效，是因为自 1964 年以来，该品牌的书写、形式和包装一直保持不变。

一个品牌将一群对品牌表现持积极偏见的人聚集在一起。积极的偏见会降低个人批评品牌的能力。我们相信汉莎航空公司（Lufthansa）的飞机可以安全地从 A 点飞到 B 点，瑞士莲（Lindt）巧克力尝起来很精致，艾斯卡达（Escada）的衣服是高品质和时尚的。在大多数情况下，我们的信任也得到了大量证实。

对于一个品牌来说，一次又一次地满足许多人心照不宣的期望，是一种非常了不起的表现。强大的国际品牌是贸易世界中通用的语言。

13. 为什么一个品牌必须成为一种文化或者一个社会实体？

答案：因为品牌是人类创造的社会文化主体。

强生（Johnson）的婴儿乳液、毕加索的画作，这些都是完全不同的实物，不是吗？把一个品牌描绘成一种社会存在或一个文化实体，这不是很夸张吗？让我们来看看以下媒体的报道：

- 汉莎航空在第三季度仍然处于业绩上升期。
- 威尔金森（Wilkinson）在刀刃之争中受损。
- 能多益计划如何"欺骗"你，让你认为它更健康。
- 沃尔玛将在2019年超过亚马逊。

上述是四份普通报纸的标题（其中一份是商业报纸）。一名优秀的记者会确保尽可能多的人理解标题中的内容。但对于一个不了解我们的社会背景或与我们的世界没有社会联系的人来说，这些头条新闻听起来肯定像是无稽之谈：没有人见过汉莎先生，也没有与威尔金森夫人握过手，而能多益想用什么来欺骗你？沃尔玛能发展得这么快吗？

反过来，当读者在自己的日常生活中发现上述问题十分荒谬时，这意味着什么？这意味着所有的公司都成功地成为社会中强大的固定成员，以至于它们在日常生活中被视为普通的事物或主体，这就阐释了品牌令人难以置信的社会和文化表现。它们是真实的实物，在公众的认知中，它们被视为独立的个体，并被赋予某些个人特征。如汉莎航空公司，即使这个"社会实体"是由超过128000人组成的，也会发生这种情况。此外，这一品牌的员工来自世界不同国家和大洲，并将不同的民族文化带入他们的工作场所。尽管如此，它们还是理所当然地被视为独立的个体。社会学家将这种现象称为"超有机体"，因为许多单独的有机体在一起形成了一种高级的机制。在这一点上，亚里士多德很早就提出了"整体大于其部分的总和"，为几百年后才出现的格式塔心理学(Gestalt Psychology)奠定了基础。

当我们谈论"文化实体"时，我们指的是人类自己创造的事物，人类通过自己的思想和行动塑造的表现，如技术、艺术、科学、法律、语言、建筑、习俗、宗教等。品牌是人类创造的实体，它们从某种想法中成长出来，其表现每天都会被成千上万的人进行"加工"，从而获得进一步发展。

无论是自 1690 年以来一直在金融领域运营的像巴克莱(Barclays)这样的传统公司，还是像 2008 年才成立的爱彼迎(Airbnb)这样的在全球数百万人中树立了清晰的品牌形象(这意味着它已经建立了积极的偏见)的硅谷公司。对于许多人来说，这两个品牌是极其相关的、庞大的文化实体。我们的世界充满了这些品牌！

品牌在其社会环境中建立了某种独特的模式，包括产品的性能和价格，以及组装说明书的设计(品牌工作是非常注重细节的工作)。即使没有小徽标，大多数人也会立即想到某个品牌。不仅在得克萨斯州的休斯敦或马里兰州的巴尔的摩，在罗马或柏林，或在世界上的任何地方，人们聚集在一起拼凑出了毕利(Billy)书架这一品牌。多么令人难以置信的全球社交品牌表现！

物体是文化的基因

伟大品牌的象征，如被咬的苹果、耐克的钩子状标志或法国鳄鱼(Lacoste)品牌的鳄鱼标志，长期以来一直是日常文化中不可或缺的一部分，是在各种背景下被普遍引用的标志。为什么有些人(犯罪分子)会把奔

驰的星星标志从车上掰下来，把它们戴在脖子的金链子上，作为一种激进的酷资本主义(如说唱歌手)态度的象征？奔驰品牌已经非常清楚地定位了自己，"建制派"中最显眼的代表在他们的车上印着这一星星标志，从而明确地确立了他们对品牌的偏见。

美国野兽男孩乐队(The Beastie Boys)的成员麦克·戴蒙德因在脖子上戴了一条项链，上面挂着一个大众汽车的标志，就引发了一股从大众汽车上偷取标志的风潮。随后大众汽车甚至也开始加入到这一潮流中，免费邮寄大众汽车标志。如今的年轻人可能不会为了戴上偶像的身份象征而做出这样的举动了(而且这些标志已经不可能那么容易被折断了)。

当我们将品牌与一些已经存在了更长时间的自然特征进行比较时，品牌在我们今天的文化中形成的影响就变得清晰起来。文化与自然之间的对抗：直接的赢家是显而易见的。

品牌是世界各地的人创造出来的文化动力，然后根据它们的定位推广到更广泛的世界。

14. "健康的"品牌发展应该遵循的基本原则是什么？

答案：严格的品牌管理的基本原则是"自我相似性"，这是强势品牌成功的秘诀。

品牌社会学的假设是，每一个成功品牌的发展都遵循文化和科学原则。科学的品牌管理认识和运用"自然的商业秘密"，以及将品牌视为一个文化实体来推动其成功发展。当然，一个品牌不能只是盲目地重复自己的表现。如果它这样做，那么它就有被超越或僵化的风险。品牌必须不断发展并观察时代的社会和技术变化，以便能够在必要时进行调整或建立起边界。

无论是自然系统还是文化系统，完全停滞会导致生物系统的死亡。超有机体(如品牌)相对于人类个体的巨大优势在于，在良好的领导下，它们可以长生不老，甚至不会看起来很老(而且不需要肉毒杆菌，尽管汽车有时会"整容")。对于一家公司来说，标准化其公众形象、所有员工用标准短语接听电话以及徽标始终出现在信头的右上方已成为一种普遍做法。企业的标语是：企业身份。这种纯粹的外部重复形式只有在企业设计领域(如徽标和字体)才有意义。若将其应用于整个企业，这一程序相当具有破坏性。管理层对(集中)控制力的过分渴望可能导致组织瘫痪。当客户觉得他们与公司的所有互动点(这些点在营销术语中被称为"接触点")都只是在与自动聊天机器人沟通时，至少应该采取应对措施，这种状态与自我相似的想法背道而驰。

对品牌社会学的理解要更广泛、全面，并允许其产生变化。**成功的公司总是把品牌建设和品牌强化理解成一个具有创造性的、生动的、持续的过程，并且这涉及公司所有的领域。**

成功的法则和基本原则被称为自我相似性。它描述了一个系统以"典型"的方式进一步发展其自身（品牌）概念的能力。由此产生的认可效应是每个成功品牌的基础，因为只有通过他人的认可才能发展信任。它是由你的个人成功模式的差异和重复的比率来定义的，每个品牌的成功模式都不同。

自我相似性产生于变体的创造性的相互作用，这些变体总是含有高度的重复性。如果没有这些差异，系统将无法生存。从长远来看，它将毫无意义，也不具备可行性。良好的品牌管理和建立在此基础上的有效沟通，都是基于重复和变化之间的平衡关系，因此需要拥有一个明确的行动框架。只有固定主题和信息发生变化才能防止内容过时。

但是，为什么要加入重复的事物呢？因为我们记不住只出现过一次的事物。为了积累知识，人们从小就需要重复的情景和经历，这些情景和经历是可预测的、可识别的和可进行分类的。认知心理学认为学习过程需要时间。一次性学习不会给自己留下知识的印记。这就是为什么一个想要被"学习"的品牌应该始终在变化的过程中保持持续性。只有这样才能清晰地识别品牌，并达到充分的效果。对于提供服务的品牌来说，这些可以是特定的仪式、引人注目的外部视觉特征，以及与品牌表现相关的具有合理逻辑的细节。

强势的品牌将每一种社会环境融入品牌系统中，并强化这个系统

遵循这种来自大自然的理想模式，强大的品牌实体必须清晰地、独立地呈现其特定模式，而不受时间和地点的限制。无论是位于布宜诺斯艾利斯、曼谷，还是位于米兰，人们都能够一眼认出麦当劳。尽管为了适应环境，麦当劳在建筑上进行了改变，并且根据国家的特点更换了菜单上的部分菜品。例如，自1995年以来，以色列有一些麦当劳店遵守犹太教食品的规定，并在安息日（Sabbath）关闭门店；在印度，麦当劳不提供牛肉，取而代之的是鸡肉巨无霸（Chicken Maharaja Mac）或素食的麦香薯堡（McAloo Tikki）；在摩洛哥，斋月（斋戒月）有一份特别的菜单，叫作"ftor"（斋戒结束）。有时品牌会出现一些小问题：2013年，麦当劳在德国推出了咖喱香肠（Currywurst）作为一种典型的德国特色食品，但失败了——顾客发现这种做法太不典型，或者对品牌来说太陌生；在瑞典的滑雪胜地林瓦伦（Lindvallen），有一家麦斯基（McSki），你可以在那里滑雪到取餐窗口（所谓的"滑雪直通车"），让你的汉堡快速直接地递到你的手中；在新加坡，麦当劳有一个溜冰场，人们可以在场内穿直排轮溜冰鞋取餐。类似这样的例子还有很多。

 题外话

自我相似性原理的科学背景

关于文化系统的研究结果来源于科学规律，而科学规律的基础是进化论。自我相似性是所有"活的"有机结构的生存原则。在自然界中，每一个活生物体都有精确定义的结构，拥有一幅"基因蓝图"，从而确保生物体一次又一次地正常繁殖。例如，全世界大约有50种冷杉，包括欧洲流行的诺德曼冷杉（Nordmann Fir）以及仅生长在阿尔及利亚一小部分地区的喜马拉雅冷杉（Himilayan Fir）和努米底亚冷杉（Numidian Fir）。

广泛分布的常青树类型都被明确地归为"冷杉"。无论树龄、起源、高度和种类如何，某些跨物种的元素都可以立即被识别出来：针状叶、球果、金字塔形生长、绿的颜色等。无论在什么样的气候条件下，它们的冷杉系统无处不在，即使在海拔4000米的地方也是如此，这就是自我相似性。

麦当劳有意"玩弄"其基因密码的单个核心元素，并使自己适应当地文化，但它从未改变或忽视其成功的结构。相反，该品牌将其表现和能力直接置于众目睽睽之下。尽管特许经营体系对每家门店都有明确的要求，在100多个国家中，有36000多家门店提供巨无霸，但却没有两家完全相同的麦当劳门店。

乐高或摩比世界等品牌以近乎理想的方式展示了品牌体系如何将每一项新产品或创新转化为非常典型的事物。例如，如果有关于《星球大战》(Star Wars)的广泛宣传，那么乐高就会举办"星球大战展览"，并提供从千年隼(Millennium Falcon)到帝国死星(Imperial Death Star)的套件，它自动将《星球大战》宇宙中的每个产品变成乐高宇宙中明显可识别的一部分。这个品牌宇宙获得了独特的魅力，因为所有建筑都是只由乐高积木组成的。因此，"原力"与乐高同在。

摩比世界以同样的方式推进日常世界和历史时代的发展：从古埃及到中世纪，再到个人的太空计划，即在克利夫兰建设一个载人火星站，你将遥遥领先于你的时代。当著名的龙卡里马戏团(Roncalli Circus)庆祝其40岁生日时，摩比世界生产了一套龙卡里玩具套装。在宗教改革500周年之际，摩比世界制作了一座马丁·路德(Martin Luther)塑像，十分畅销。这位改革家的塑像已经售出了100多万件(摩比世界同时代的其他著名人物塑像，如Lady Gaga，销售数量已经远超这款塑像)。

与自然界不同，在涉及文化过程时，为了实现自我相似性，品牌必须在公司的某个维度指导下被不断质疑和优化。这正是了解自己的品牌基因或自己的成功基石如此重要的原因。

这款马丁·路德塑像是销售之王：谈论这位中世纪的马丁·路德时，不可能不提到这是一个摩比世界的形象。每一个著名人物塑像，无论是摩比世界的官方人物还是摩比世界爱好者创作的非官方人物，都完全融入到品牌世界，因为人们总是认为这些人物是摩比世界的产品。马丁·路德塑像是由德国纽伦堡会议和旅游局(Nuremberg Convention and Tourist Office in Germany)发起、受摩比世界委托制作的。

优化不同于最大化

自我相似性确保了品牌的一切话语或表现始终对其系统具有强化作用。**科学的品牌管理从来不是快速扩张意义上的最大化，而始终是为了优化品牌的理念、巩固品牌的形象，这些都是实质性的强化。**

对于许多初创公司，你会感觉到创始人(大多数是年轻人)只是在尽可能多地引起媒体关注，"夸大"他们的想法。他们对建立一个长期可持续和盈利的品牌不感兴趣；相反，他们想利用品牌炒作以尽快将他们的产品卖给资金雄厚的大公司。所有这些都是为了在之后立即"激发"出一个新的想法(注意：这是老生常谈)，或者在巴伊亚经营一家不错的冲浪酒吧，度过他们余生那些阳光灿烂的日子。

> 品牌体系结构的密度对其吸引力至关重要：品牌的自我相似性越高，其社会吸引力越强。

03

第三章

品牌与表现

15. 每个成功品牌的基础都在于品牌表现，现在仍然如此还是更在乎情感和品牌的时尚形象？

答案：即使在 21 世纪，人们也主要为品牌的表现买单。仅仅是品牌形象对他们而言并没有什么用处。

品牌社会学不断假设，品牌性能是每个品牌成功的基础。但是现在，很多人不就是为形象买单吗？现在的客户真的在乎裁缝、工匠、IT 专家或制表师为某产品所做的工艺或分析工作吗？客户真的在乎戴森 V6 手持吸尘器（Dyson V6 Trigger+）①是否采用了专利气旋技术的工程思维吗？

如果有人花了很多钱沉迷于设计精美、享有盛誉的铂傲（Bang & Olufsen）音乐系统，在发现音质不佳或客户服务不佳时，他们并未从这款丹麦的高贵品牌声誉中获益。让客户对品牌产生深厚情感始终是企业的成就，而这些成就导致客户和部分公众对该品牌的产品产生了某种期望。

当许多人仅因为品牌形象购买产品或服务时，他们觉得品牌的性能不重要，这种观点是致命的。即使是保时捷（Porsche）或法拉利（Ferrari）的经销商，也不会只是简单地站在潜在客户面前解释道："这辆车很酷，买它吧。"当然，对刚才提到的品牌进行类似的管理有很多好处，它们已经结合了客户对其强烈的积极偏见和情感，减少了品牌方为解释产品所需的工作量，从而简化了销售过程。知名品牌的职业承诺往往具有个人优势：许多员工都为在某品牌工作而感到自豪。这些品牌的"雇主品牌建设"（Employer

---

① "Dyson V6 Trigger+"实际上只是一台真空吸尘器。

Branding)①也从未出现过任何问题，申请者大多要排队才能在那里找到工作。然而，这一切并没有改变具备普遍吸引力的基础。相反，这意味着品牌必须持续提供顶级性能，也说明了领先的制药或科技公司所面临的压力，它们必须不断"跟进自身的性能"，并将全新的、创造性的产品推向市场。

因此，请不要忘记以下忠告：形象和表现是相辅相成的。在我们支付之前，我们要大致了解品牌的性能，特别是当我们购买昂贵的或对我们而言很重要的东西时。

无论之前我们对品牌的形象有多少种理解，品牌在我们心中的最终形象是我们自己形成的。对于我们这些业余爱好者来说，我们在处理产品或研究方面的偏见和经验必须不断强化，这意味着，它们应该在每一个互动点上得到确认。高级的品牌管理的技巧是这样的：以这样的方式集中体现品牌的性能，使每个地方的每个细节都能加深顾客对品牌表现的特定偏见。

客户多年来围绕着品牌表现形成的积极偏见，在一定时期内（如品牌公司犯错时）可以拯救公司。近期出现的丑闻显示了在全球范围内对德国汽车业的积极偏见，这种偏见是通过100多年来的杰出技术表现实现的——因此，积极偏见是经济发展的关键。尽管如此，这一事件产生的划痕仍然无法从人们的记忆中抹去。"排放丑闻"或"柴油门"等名词产生了长期影响。德国汽车品牌在质量、价格和性能方面已经不再是无可争议的了，而丑闻更是极大地表明了这一现状。

> 品牌没有出色性能，顾客就不会对其产生积极的偏见。无论形象多么宏伟，每个品牌的生存都取决于其在日常业务中的表现。懈怠不是一种选择。

---

① "雇主吸引力"（Employer Attractiveness）这个词既庞杂又体现不出产品的功能性，所以需要一个更时髦的词汇——"雇主品牌建设"。

16. 如果每个品牌的表现都是高度个性化的，那么如何根据单一法则来进行分析？

答案：每个品牌的运作都遵循着因果原则。找出个体在品牌表现方面取得成功的原因是很重要的。

全球数百万个品牌具有无数种的性能，如使用性能、产品性能、B2B性能或者B2C性能等。对于每一个成功的品牌来说，每天都会有人为它们的性能付款。尽管如此，许多大型知名品牌认为，它们必须向人们讲述"超级感人"的故事，才会激发顾客对品牌的积极情绪，从而引发共鸣。人们之所以对某个品牌产生共鸣，甚至倾向某个品牌，唯一的原因是这个品牌在某种程度上使他们的日常生活变得更好或者更愉快。因此，品牌为人们提供的帮助通常十分具体。无论是贝蒂妙厨的烘焙粉确保我可以安全地制作蛋糕，还是Altoids牌薄荷口香糖能够消除我的口臭，或者我的职业形象因系伊顿（Eton）领带而变得完美，具有帮助性的品牌例子可能与全球品牌数量一样无穷无尽。

图 3-16-1 解释了成就—原因—效果之间的关系。构成每个品牌的基础要素是三位一体的，即特定的性能是产生某种效果（积极偏见/形象）的原因。

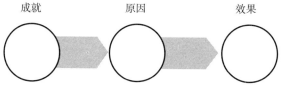

成就　　　　　　原因　　　　　　效果

图 3-16-1　成就—原因—效果之间的关系

资料来源：Büro für Markenentwicklung。

另外，公司中关于品牌的讨论通常与实践相去甚远，而且往往以抽象的术语和"流行语"为特征。许多全面而耗时的品牌研讨会在公司内部进行：在会议室里，参会人员的想法被尽职尽责地钉在最初的规划板上，然后大家一起讨论数个小时。令人恼火的是，这只会进一步提高自己品牌的抽象程度。持续的(可悲的)观察可以发现，标准流行语及其变化和组合多年来几乎保持不变：

◄　质量。

◄　传统与创新(这两个名词是紧密相连的：以传统的方式创新、从传统中进行创新等)。

◄　未来/以未来为导向的。

◄　合格的。

◄　独立性/依赖性。

◄　以顾客为导向的。

◄　以服务为导向的/优质服务。

◄　可持续性。(注：这是一种新鲜的提法，且只使用了大约六年。)

结果是众所周知的。之后，现实中的品牌纯粹就是一些口号的集合。无论是高科技制造商还是冰沙酒吧，所有公司都以客户和质量为导向，一切都是可靠的、合格的。唯一的新概念是可持续性，例如，即使是排气管制造商也在以可持续的方式生产产品。当一个昂贵而复杂的过程(这一过程主要是用来区分品牌和使品牌差异化)结束时，你最终得到的是每个供应商都使用的术语，因此无法建立任何差异化特征，也无法突出品牌。所有这一切都源自公司宣传中非常重要的一点：品牌的自我概念。

每个品牌都希望能够创新并达到合格标准，保证质量和服务至上，在任何情况下，都以客户为导向。品牌无奈地接受最低的同一标准，因此品牌也就不存在所谓的差异化。相反，品牌间更可能达成行业的一致性。在最糟糕的情况下，使用了没有灵魂的"情绪图像"或"库存照片"，在视觉上这些东西也具有可替代性。

本书提出了一条有帮助的建议。在对品牌进行全面的研讨后，请告诉你的销售人员，他们只能用你刚刚花了大量时间编写的术语来宣传产品。可以肯定的是，"销售前线"的所有员工都会非常感激你。任何见过销售人员向客户推荐保险单、割草机或冰箱的人都知道，通常情况下，陈词滥调是完全无效的，销售人员说"这种意外保险是优质的"不会导致成交。在与潜在客户和所有考虑购买商品的人的真正交谈中，只有得到充分支持的论据才是有效的。

这意味着，与图 3-16-1 相比，几乎所有的讨论都不幸地仅停留在纯粹的效果层面，或者更具体的图像质量层面。从心理学上来讲，这一点很容易理解，这样的讨论不会带来任何具体的结果，但熟练且巧妙地变换思想和文字，比深入研究公司成功的真正原因要有趣得多。这才是品牌运作真正的开始(见问题 17 至问题 19)。

一个品牌仅仅有内涵就可以称为一个品牌。抽象的说明和没有说明是一样的无效。

17. 公司的具体表现来自抽象的外部性。一般而言，一个品牌对公司以外的人产生影响的原因是什么？

答案：因果原则决定了品牌自公司成立以来的表现。每一种积极的品牌效应都是建立在因果关系的基础上的，这些因果关系须详细地阐述。

在品牌的社会学分析中，品牌原则是从内部思考的：形象价值一直是一个抽象的概念，要具体分析其形成的原因。例如："我们为什么认为奈斯派索（Nespresso）咖啡机是高品质、现代化的产品？"图 3-17-1 显示了每个品牌体系的高度独立性。

原因/成功的构成要素	效果/情景
60分钟	严肃性
在意大利都灵创建	拉瓦萨咖啡是咖啡爱好者生活的增甜剂
口号：指尖留香	肯德基的炸鸡是美味多汁的
符号：美洲豹	捷豹汽车是优雅且充满活力的

图 3-17-1　品牌关系图示

图 3-17-1 清楚地说明，所展示的每一个品牌不只包括一个成功的构成要素，而是包括几个成功的构成要素。这些要素只有在作为一个整体时才构成品牌的建设计划。

这第一步仅是进入品牌体系的切入点。但仅在这一层面下功夫对于品牌的日常管理来说是不够的。让我们来看看德国电视频道 ARD：一个 15 分钟的新闻节目《每日新闻》（*The Daily Show*）（见图 3-17-2）。尽管目前媒体上关于假新闻和谎言的讨论有很多，但为什么《每日新闻》(成立于1952年，目前仍是媒体品牌中的佼佼者)仍然被许多德国人认为是十分严肃的?

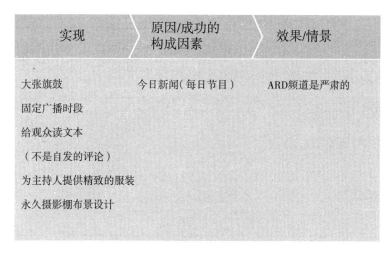

图 3-17-2　德国《每日新闻》的成功因素

品牌的日常组成部分可能提供了明确的行动指示。例如，制片人可以向主持人解释，尽管具有竞争性的电视频道的男主播(不是新闻主持人)为了使他看起来更具有时代感，穿了一件不打领带的衬衫，甚至穿了一件 T 恤衫，但对于这种电视节目形式来说，这不是一个合适的选择。因为品牌定位完全不同，但这种服装可能适合其他广播电台的定位。

从原则上说，这是很简单的。每个品牌体系在其历史中都有自己的规则和规律，形成了自己的格式塔理念。它在市场上成功的所有原因都可以从这段特殊的历史中得到解释，因此必须通过严格的分析过程来逐一确定。从这一分析中得出的是一种成功计划，通常被称为"基因密码"，它定义了公司未来"自我相似性"的演变。

　　每一个品牌都建立在因果原则基础上，无论公司的规模有多大，也无论服务范围是区域性的、全国性的还是国际性的。

18. 如何分辨和过滤出导致积极的品牌偏见的部分表现？

答案：要做到这一点，必须明确哪些具体的表现使得品牌成功，从而让品牌扎根在顾客心中。

基因密码使得品牌的所有结构性元素都变得具体化，从而易于管理。品牌的具体性质只能从品牌本身中显现出来，这意味着其来源于品牌的演变和自身的历史。假设每一个品牌都是一种积极的偏见(影响)，这种偏见是通过日常实现预期表现(原因)而产生的，那么只有在确定外部形象的情况下，才能对品牌的核心价值做出有意义的陈述(如问题 17 中的方法所解释的那样)。从公司成立的第一天开始，我们就开始分析其附加值。品牌是在什么条件下创立的？追求的理念是什么？

纵观一家公司的长期发展，尽管总体环境和市场条件发生了变化，但其表现的某些特征和要素几乎没有变化。即使在今天，它们也构成了公司继续发展的基础，并确定了品牌必须采取行动的协调系统，以加深其积极偏见的方式来保持其增值的能力。我们用以下问题来说明这一点：

◣ 为什么这么多人认为 True Botanicals 品牌在天然护肤领域达到了高标准，具体原因是什么？

◣ 古驰(Gucci)品牌包在全球被视为优质产品和地位象征的原因是什么？

这些问题要求人们关注"品牌现实"，因为每一个品牌的形象，无论其多么光鲜亮丽，通常都是在工厂的车间里被制造出来的，或者像上面的案例一样，在草药园或皮革制品车间里制造的。关键是，品牌的结构模式作为实体品牌的有机蓝图，其并不是公开的。与机械工程计划不同，品牌作为一个有生命的系统是十分复杂的，是对人们有依赖的，人们最多只能对品牌产生一种"感觉"。公司规模小的话，它通常不需要品牌咨询，像这样的品牌是凭直觉存在的。

一个品牌的基因，尽管在每一个接触点都可以通过无数的变化进行识别，但是却无法描述出来，这使分析变得十分困难。多年来一直以类似直觉行动的方式进行，必须通过深入的提问来追溯其原因。只有通过回顾性的观察，才能够确定成功的原因。成功典范的内容不是来自"新的见解"，而是通过因果关系的逻辑原则。因此，品牌的社会学分析不是一门神奇的技巧，更不是一种管理风格，最重要的是，它不是一种"品牌模型"（见问题10）。**品牌社会学专门从品牌系统内部进行论证和评估，它总是从内部向外部运作。**

为了客户可以接触、理解和管理"品牌内部"，在进行分析时必须说清楚公司所有的业务领域。任何领域的分析都是在探索重复的元素，当客户与品牌接触时，他们不会区分这种沟通是有意的还是无意的。在品牌保护伞下产生的一切都是由外部人员构成的整体画面，包括销售人员的个人经历、他/她的外表(西装或者T恤)、销售氛围、送货车的情况、呼叫中心员工的行为等。典型的考察因素有产品/服务、研发、特殊服务、使用的原材料、群体/顾客、分销/定价、广告与宣传、管理/员工。

首要问题如下：

➤ 公司的哪些表现无比重要？

➤ 哪些表现使公司在市场上优于其他公司？

下面将详细阐述上文中提到的四个考察领域(参考问题2提到的"品牌球体")。

以下问题是"产品/服务"考察的关键：

◀ 品牌创立的理念是什么？谁是负责人？

◀ 是否涉及特殊/独特/全新的方法或者技术？

◀ 顾客对第一批产品/服务的最初反应是什么？为什么会有如此反应？

◀ 产品/服务是仅局限于一个想法，还是已经发展出了分支？

◀ 哪些产品/服务未能在品牌历史中立足？

◀ 与细分市场的竞争对手相比，该产品的独创性如何？区别点是什么？

◀ 如果可以操作的话，研发有多重要？

◀ 哪些产品是在这里开发或发明的？

◀ 公司历史上有什么特别的人物或(新的)发现吗？

◀ 如何组织销售？是否有特殊的内部规则和原则？

以下问题对于考察"分销"领域很重要：

◀ 什么类型的零售商销售产品(专业零售商、超市、大卖场、折扣店、直销、药店、互联网等)？

◀ 品牌内部的分销和销售结构是什么样的？

◀ 公司采用什么销售理念？

◀ 产品所处环境中还有哪些其他品牌？

◀ 视觉展示时是遵循公司指定的风格，还是由零售商确定展示的风格？

◀ 自品牌成立以来，其表现发生了多大程度的变化或演变？

顺便说一句，分销分析包括对品牌实体价格的详细分析。价格本身可以成为品牌成功的基石。该分析的关键因素主要是产品或服务定价的一致性：

◀ 到目前为止，产品的价格稳定性或价格范围是如何形成的？

◀ 特别优惠和折扣发挥了什么作用，以及接下来会发挥什么作用？

◅ 是否有其他特价活动？

◅ 是否存在价格方面的"异常值"，是上涨还是下跌？

关于"广告与宣传"领域的考察，包括以下问题：

◅ 该公司的第一次广告活动是什么样的？在此过程中，你还可以查看求职信或产品手册。即使这些不属于传统的直接广告范畴，也要列出所使用的销售论据/理念。

◅ 广告/公关的风格是什么？它是如何随着时间发展的（设计、语言、论点、颜色、图案等）？是否有一致的风格？

◅ 哪些广告媒介已经或正在使用，使用的程度如何？

◅ 在什么地点和时间做广告？是在关于贸易的出版物、消费杂志、广播、电视、在线/数字平台（包括过去和现在）上吗？

◅ 广告/公关的目标是谁（包括过去和现在）？

◅ 在品牌的发展历程中，是否有突出的主题、口号或事件？

这些例子旨在说明如何深入分析品牌的过程。问题分析必须涵盖自品牌创立以来每个领域的基本方面，这一点很重要。每个问题都必须指向"原因"层面。品牌只有在因果层面上始终如一地采取行动，才能成功地建立并持续加深顾客对该品牌的共同信任。

项目的工作流程和组织

项目的组织方式至关重要。除了以上分析涉及的问题之外，心理倾向也会受到影响。因为在分析结束时，将确定影响每个员工的结构，所以应该有足够数量的员工参与开发过程，并要求他们贡献自己的知识。这样做有两个好处：一是引导公司专注于构成品牌表现的长期活动；二是通过这种方式，整个员工队伍被尽可能地整合到分析中。这项程序还可以防止员工认为所有产生的强制性结果都是被"强加"的。[1]

> 只有从公司内部的整体性出发，一个系统的独特性和个性才能够得到发展。

---

[1] Errichiello / Zschiesche：Grüne Markenführung. Wiesbaden 2017，p. 124.

19. 品牌取得成功的构成要素是什么？

答案：成功的构成要素是公司的核心优势，这些优势是随着时间的推移(凭直觉或有目的地)发展起来的，并在市场上得到了肯定。

当某人在很长一段时间内以可预测的方式行事时，就会产生共同的信任。通过明确定义品牌的表现，品牌公司被迫在一个可预测表现风格的走廊式结构内运作，换句话说，其始终忠于自己和自身的独特结构。外部因素、影响、趋势等并没有被排除在外，而是通过适应成功的典范被整合，形成自我相似性。那些没有被整合的东西会因为"不合适"而被抛弃，这不是因为心理感知，也不是因为喜欢或不喜欢，而是因为品牌体系的内在逻辑。**不存在通用的"对"和"错"，只有"对于这个品牌而言是对或错"。**

取得成功的各个构成要素组成了"品牌的基因密码"。在对成功的构成要素进行定义时，关键在于由此产生的品牌表现的背景是否与品牌体系相关。换一种说法：如果这个要素不存在，会发生什么？这还会是人们认可的品牌吗？客户对品牌的评价或目标市场调查中是否显著反映了这一构成要素？尽可能具体地阐述成功的构成要素，最好是将其作为行动指南。

- 隔热玻璃最迟将在 24 小时内到达现场。
- 每种产品都要经过 3 小时测试。
- 维修技术员总是工程师。

细节往往对品牌至关重要，即使它们不会直接增加价值。一些品牌已经通过某些传统赠品广告或其他特殊活动进入了客户的记忆。例如，一家领先的高科技医疗设备集团每年向客户赠送挂历，因其持久的影响力在 20 多年里非常受欢迎。有一年没有制作挂历，顾客们提出了抗议。这种客户忠诚度的表达很难从一般的客户调查中得出，这也让公司自己感到惊讶。毕竟，有时对产品的持续性需求是关乎产品的生死的，一切都围绕着高科技。一个典型的配件，如水疗酒店超高质量的浴袍，或者像幸运魔法（Lucky Charms）麦片粥的"幸运的妖精"（Lucky the Leprechaun）这样的广告图标，对于一个品牌来说可能很重要，即使它的价值在数量上没有增加（而且有时成本更高）。

稳定的品牌至少有 5 个，最多有 12~15 个成功的因素。如果一个品牌的成功因素少于 5 个，它就不稳定，从而无法成功地建立品牌形象所需的互动服务的共鸣网络。如果一个品牌有太多的成功因素，由于因素的复杂性它将无法实现其实际目标。在这种情况下，需要进行品牌分离。成功的因素是品牌的基础内容，也是其进一步发展的途径和品牌创新的范围。原则上，可以对其他表现进行整合。但重要的是要检查新的表现是否能够大幅度地强化整个品牌体系，即强化积极的偏见。

从长远来看，其他事情都将意味着空前消耗精力或者弱化品牌宣传。新增一种重新定义某一领域的品牌表现时，会变得尤为困难。在这种情况下，长期影响通常是具有破坏性的。最终，必须解决或扩大对品牌的共同偏见模式。这一过程只有在非常谨慎和长时间（对于强势品牌来说，需要 20~30 年）的情况下才能成功。在其发展的某个阶段，品牌通过其独特的表现来定义自己。然后，它们拥有了难以改变的定位。如果它们改变得太快、太突然，要么会出现一个新品牌，要么现有品牌会受创。长期结果是其社会联系不断减弱，导致越来越多的核心客户离开该品牌。

定义成功的构成要素

在确定成功的构成要素时，适用于以下规则：

◣ 写下所有的品牌表现特征。

◣ 尝试按相似性对这些品牌表现的特征进行分组。(例如,"训练有素的工匠大师"和"每位员工每年接受两次培训"可能是整体品牌表现特征的一部分。)

◣ 一旦将所有品牌表现的特征组合在一起,就有必要弄清楚整体品牌表现的理念是什么,包括属于一个主题领域的所有特征。这里的任务是通过这些品牌表现特征找到其取得成功的总方向。

如果存在一种初始的定义,则必须考虑这种描述是否真的是成功的构成因素。以下的要求将有助于你完成这项工作:

(1)长期以来,成功的构成要素一直是品牌存在的重要组成部分(这是在自公司成立以来的大多数情况下)。

(2)品牌取得成功的构成要素对公司创造的价值贡献巨大。如果没有这些构成因素,公司将陷入经济困境(这与所有成功的构成因素无关,见上文)。

(3)成功的构成要素得到了客户和其他人的好评。这些构成要素以自我相似的方式适应客户不断变化的需求。

(4)客户可以直接体验到这些构成要素所达到的成功效果。

(5)成功的构成要素是公司内部及其老客户共同记忆的一部分。年轻员工和客户也将这一构成要素视为品牌的特色。

(6)成功的构成要素具有突出的外部影响力(广告或公关行动),并且产生高于平均水平的效果。

重要的是,所有成功的构成因素都必须能让客户直接感受到,这意味着良好的工作氛围或特殊的员工福利永远不会成为品牌成功的要素。

每一个单独的构成要素都对品牌感知做出了重大贡献。如果缺少了构成要素,该品牌将不再是客户熟悉的品牌。

20. 为什么"品牌表现需要几乎相同或者至少看起来是相似的"这一点如此重要?

答案:信任需要定期的保证,偏见需要持续不断地证实。一个品牌需要兼具这两者。

如果一个被认为一丝不苟、害羞、保守的人,想向朋友们展示他真的是一个狂野的人,他可以把头发染成蓝色,把灰色的大众夏朗(Volkswagen Sharan)换成红色克尔维特蝰蛇(Corvette Stingray),只穿花哨的夏威夷衬衫,搭便车在德涅斯特河沿岸(Transnistria)旅行四年,或者他可以选择四天不刮胡子这样省钱又省时的方式。在个人层面上,这种方法可以产生非常好的效果,或者它可以使人们认识到:大众夏朗比克尔维特蝰蛇更舒适、可靠;他的衬衫和头发让人们感到无比的震惊;四天未刮的胡须让人感觉不修边幅;去马德里的航班比去蒂拉斯波尔(德涅斯特河沿岸的首府)的航班更容易预订。毕竟,这两种方法都会产生新的见解,从而有机会拓宽个人视野。

对于一个品牌来说,这样的做法无异于自杀。品牌靠辨识度生存。这是因为它不涉及这些类型的干扰,总是保持典型的形象。一个品牌要对其所有客户负责,因此必须严格地顺从顾客的偏见和他们眼中的品牌形象,否则品牌就会被顾客淘汰。

品牌周期示意图如图 3-20-1 所示。品牌周期清楚地说明了为什么一个品牌不应该是一个创造性的游乐场,而应该尽其所能确认客户的看法,避免受到刺激性因素影响。公司有责任确保顾客的信任,确保他们充分认识到品牌表现。因此，品牌必须在客户可以体验的所有领域提供"直流电"。只有这样才能保证资金不断流入公司，使其能够继续以一贯的质量提供产品和所有相关服务，从而保持公司的循环运行。公司的整体战略和日常业务必须是一致的。但这是一笔只知道赢家的交易，因为双方通过一系列的确认，一次又一次地向对方充电。作为发电机，公司为客户的电源提供能量，反之亦然。通过持续的良好体验，客户建立了信任，他们对品牌的信任也反复得到了确认。作为回报，公司获得了新的资金。除此之外，作为品牌未来的经济基础和保险，对品牌表现的积极偏见变得越来越牢固，这种偏见通过作为品牌知识传承者的消费者传递给了后代（见问题47 和问题48）。

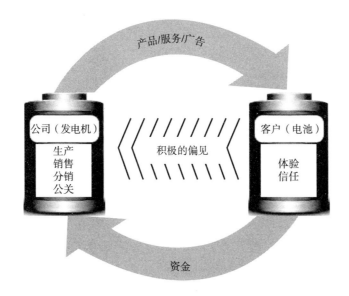

图 3-20-1 品牌周期示意图

资料来源：Büro für Markenentwicklung。

品牌周期说明了为什么品牌的试用性如此有争议。品牌的优势不在于公司本身，而在于客户的积极体验。一旦公司像第三方一样行事，品牌提供给顾客的"直流电"就会受到威胁，顾客对品牌的积极偏见就会受到损害。

用明确的目标和合理的解释来打破禁忌

这并不是对事实的全面否定，即具有根深蒂固偏见的强势品牌是不允许用短暂而富有创意的"针刺"来刺激自身品牌体系的，除非它们能够认同并证明这种疯狂的行为是正确的。例如，高端的传统法国品牌路易威登（Louis Vuitton）定期与纽约街头服饰品牌苏博瑞（Supreme）或杰夫·昆斯（Jeff Koons）等艺术家进行特别合作。在路易威登的案例中，其做法是否对品牌有利？这种好处在何时会出现？这种好处可以持续多久？这些都值得分析。一些成熟的品牌已经尝试过这种有针对性地打破风格禁忌的方式，尤其是在时尚行业。需要注意的是，只有在已经形成明显偏见的情况下才有效（参见问题12中的能多益品牌案例）。

> 一个品牌只有在成功地建立了公司与客户之间的反馈系统后，才会盈利。它只有在直接接触的情况下才有效：客户需要这种直接接触才能产生对品牌的偏见，因为它们的内容必须不断得到双方的认可。

21. 品牌形象是长期以来良好表现的结果。这意味着品牌需要时间来树立形象。但在我们这个快节奏的世界里，这种做法仍然正确吗？

答案：仍然正确。信任不会在一夜之间增长，品牌不会在一夜之间出现。即使在今天，一家公司也需要时间才能完全成长为一个品牌。

事实上，几乎所有新创建的品牌都会失败。那么，一个新品牌如何才能建立起成功的品牌表现呢？今天，某些全球品牌图标经常被用作企业家表达自信和增值能力的正面例子。根据这一逻辑，苹果、奈斯派索、耐克或红牛等品牌展示了在现代世界中良好的品牌管理是如何运作的。人们常说，这些品牌是最好的证明，它们证明了公司可以利用广告来定位品牌在市场上的表现。然而，仔细观察这些公司的过去表现可以发现，它们在全球的成功并不是一蹴而就的，而且这些品牌中几乎没有任何一个品牌在一开始就拥有极高的广告预算。相反，这些品牌获得成功的关键是本书中经常提到的，与品牌表现和时间有关。

耐克成立于 1971 年 (实际上，是在 1964 年以另一个名字成立的)。在最初的十年里，这家专注于慢跑和跑步的运动鞋公司不痛不痒地发展着。只有当耐克为年轻的篮球运动员迈克尔·乔丹 (当时还不为人知) 配备装备时，品牌才开始有意义，甚至迈克尔·乔丹后来还设计了自己的装备。

奈斯派索是一家由全球巨头雀巢于 1986 年创立的小公司，最初只在瑞士的法语区发展。该公司的成功是缓慢的，1991 年后才开始缓慢上升，但是在创立 20 年后，该公司取得了全球范围内的巨大成功(见图 3-21-1)。

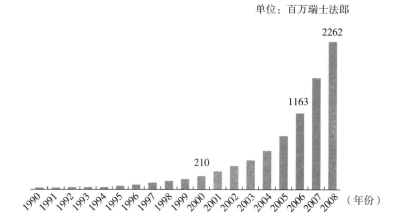

单位：百万瑞士法郎

图 3-21-1 奈斯派索胶囊咖啡机的销售增长情况

注：1990~2008 年，奈斯派索的销售额超过了数百万瑞士法郎。从胶囊创意到旗舰店，再到乔治·克鲁尼(George Clooney)的推荐，但最重要的是，现在每台胶囊咖啡机中可盛放 24 种咖啡，包括"三大香气扑鼻的口味：浓郁、均衡、果味/花香"，让人们不必再喝大量无味的棕色液体——手冲咖啡(因此，目前该品牌得到了时尚的咖啡爱好者的青睐)。

资料来源：Büro für Markenentwicklung①。

即使是无处不在、看起来如此庞大的红牛品牌，也是经历了多年的失败。一开始，这种能量饮料在大学里是免费发放的。该品牌缓慢但稳定地发展着，然后突然进入快速发展期。这款为儿童准备的碳酸饮料发展成为一个全球品牌，其广告预算用之不尽。红牛的销量趋势如图 3-21-2 所示。

---

① Kapferer, Jean-Noël. Comment certaines marques parviennent elles à surmonter la crise? [EB/OL]. https：//de. slideshare. net/18312000/jean-nol-kapferer, 2018-05-06.

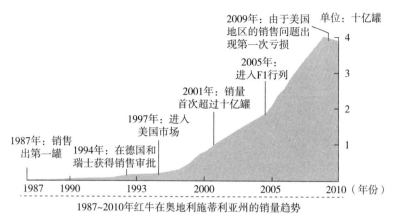

1987~2010年红牛在奥地利施蒂利亚州的销量趋势

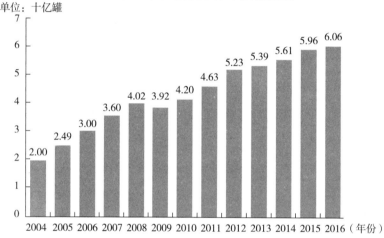

图 3-21-2　2014~2016 年红牛在世界范围内的销量趋势

注：统计数据显示了 2004~2016 年红牛在全球的销量。2016 年，这家奥地利饮料生产商的销量达到了 61 亿罐，营业额约为 60 亿欧元。今天的红牛可能会插上翅膀，但在奥地利的红牛真正腾飞之前，它需要一点时间。1997~2016 年，销量的增长表明了这一点。尽管该公司于 1984 年正式成立，但直到 1987 年才售出第一罐产品。该产品最初在俱乐部和大学校园免费分发。然而，结果是在很长的一段时间内都没有实现突破。直到 20 世纪 90 年代末，这种含有大量糖（以及少量咖啡因和牛磺酸）的活力碳酸饮料才真正流行起来。

资料来源：Büro für Markenentwicklung①。

① The Blog Buster：Red Bull everywhere you look and go，graphic：Red Bull/Manager Magazin [EB/OL].［2012-11-25］. https：//therealblogbusters. wordpress. com/2012/11/25/red-bull-everywhere -you-look-and-go/. Numbers for Image 2 from：www. statista. com，2018-05-04.

最后要提到的是苹果公司。20 年来，除了古怪的广告商，没有人想了解这些设计奇特的包装盒。这种成功也需要时间，苹果公司需要持续的力量，直到它成为世界上最有价值的公司之一。2000~2017 年苹果品牌的销售趋势如图 3-21-3 所示。

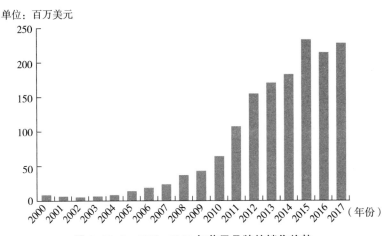

单位：百万美元

图 3-21-3 2000~2017 年苹果品牌的销售趋势

注：仔细分析就会发现：这一成功也不是一蹴而就的，即使是穿着黑色高领毛衣的大师，也不能做到让其在全球范围内的上百万名弟子在第一天就可以准备购买。苹果公司进军全球销售的道路也并非一帆风顺。

资料来源：Büro für Markenentwicklung①。

那么，这意味着什么呢？

◢ 一开始，所有强势品牌的增长都缓慢且稳定。首先，它们在小规模的"内部群体"中被认识和欣赏，然后再将它们的"好名声"传播到其他群体。即使被推荐也需要时间的积累(因为需要建立起信任)。

◢ 所有强大的品牌在开始时都没有试图吸引所有人。相反，它们通过在"利基"环境、地点或亚文化中活跃和发展追随者来产生吸引力。在大

---

① AAPL Investors Net：Sales and Income-Apple Net Sales［EB/OL］. ［2018-05-06］. http://aaplinvestors. net/stats/salesincome/.

多数情况下，没有任何资金可以用于大规模的分销。

◀ 一开始，所有强势品牌都没有经典广告。根据传播专家马歇尔·麦克卢汉（Marshall McLuhan）的观点（媒介就是信息），大型精心制作的广告展示旨在吸引大众的注意力。正是因为新品牌的吸引力在很大程度上来自它们的信誉，所以广告不能做得很大（通常因为财务原因无法做到这一点）。最初，它们不是传统消费文化的一部分。

提及这些品牌，每个品牌都有着完全不同的基本理念、概念和方法，但是存在一条为人熟知的规律：**主动付费和被动付费之间、品牌表现和客户购买之间的社会合作的程度，是一个品牌成功的基础。**

媒体炒作的趋势通常只能说明记者对新鲜事物的极大兴趣。这没关系，他们并不是利用重复的旧故事赚钱，而是利用从耸人听闻的新故事中所获得的"知名度"来赚钱。相比之下，任何一家公司，无论多么新，都倾向于尽快成功地巩固其市场，并将转瞬即逝的消费者转变为信任品牌的客户。否则，品牌就会因太过费力而感到疲惫，最终可能会导致破产。

在一个日益数字化的世界中，相较于 100 年前，一个品牌的表现可以更快地被全世界了解。然而，这并不否认建立信任所必需的社会机制。在投入任何资金之前，必须存在或建立一定程度的新生的信任。

04

第四章

品牌及其起源与历史

22. 在这个全球化和数字化时代，品牌的起源是否仍然发挥着作用？

答案：全球化和数字化程度越高，（模仿）起源就越重要。

曾有人引用一位有影响力的管理者的话，"在未来，这将不再是国家归属的问题，而只是管理问题"。这是一条典型的管理用语，最初听起来充满自信和权威。然而，经过片刻思考后，很明显，现实并没有反映出这种假设，或者更确切地说，这是一种轻率的说法。可以换一种说法，"这句话纯属胡说八道"。

一次又一次地证明，品牌建设是关于细节的问题，越详细越好。在费列罗的蒙雪利樱桃酒心巧克力（Mon Chéri）里面，没有加入普通的樱桃，而是加入了皮埃蒙特的樱桃或皮埃蒙特樱桃甜酒（根据报纸报道，这种樱桃来自波兰，是虚假广告！）。昂贵的黑巧克力来自特立尼达和多巴哥或马达加斯加的事实已经被宣传了一段时间，当你在奶酪柜台上比较价格时，可以看到产品的原产地价值（来自瑞士的产品通常比来自法国和荷兰的产品的价格高）。高蛋白的脱脂牛奶得益于其冰岛血统，可以在冷藏货架上立即卖出天价。

"你是哪里人？"这句话经常在飞机机舱、火车或轮船上听到，无论人们是小团体还是大团体，在长途运输途中，都会被"强迫"坐在一起。尽管（或因为）现在我们在工作和私人生活中比之前的任何一代人都更活跃，但这个问题仍然是热门话题，而且有充分的理由。我们来自哪里的问题通常出现在谈话开始时，但这不仅是随意的"闲聊"介绍。这个答案允许提问者对未知人物进行初步分类。他现在可以选择适合情景的偏见，不管它是否公平(但到底什么是公平的偏见?)。这种看法可以让你更快地与他人建立联系。或者，如果事情进展得不太顺利时，也可以让你快速地疏远他。因为这个问题的答案可以让我们立即打开一个多层次的经验库，以及产生类似或相同的先入为主的观念。这就是偏见！

如果答案是"汉堡"，那么某些图像会在脑海中被触发，这与回答是"伦敦""布拉格""洛杉矶"不同；另外，没有祖国的人总是会变得可疑和神秘。你如何能相信一个对"你来自哪里"这个问题没有回应的人? 这很难。想象一下，他们回答"我来自全世界"。这是许多公司乐于给出的答案。可悲的是，这种回应忽视了对"正常人"的考虑，因为即使在全球化和快速发展的时代，"正常人"也喜欢听到别人来自哪里。**因为品牌遵循"正常的"的社会习俗，没有人会信任一家来历不明的公司和它的品牌，这会显得它很可疑。**

"信箱公司"(Letterbox Company)一词的负面含义说明了这一点，而"巴拿马文件"(Panama Papers)一案(再次)提供了不透明企业主动隐瞒自身资产来源的典型例子。随之而来的是什么? 对"富裕、独立的金融世界"的信心进一步丧失。品牌靠信任生存。因此，一个明确的起源地是极其重要的，在动荡时期，尤其如此。

从社会学角度来看，每一种起源都代表着一个产生共鸣的领域，因为每一家公司的总部都在地球上的某个地方，而每一种来源都提供了可以随时产生共鸣的事物，如联想、偏见、依恋、厌恶等。无论是斯图加特、底特律、摩纳哥还是桑给巴尔，原产地始终是一种可行的、极具成本效益的促销手段，但前提是要合理且有意识地使用原产地(见问题23)。

产品和品牌的起源是品牌信任的一个永恒的话题来源。

23. 如何正确地将一个品牌的起源置于场景中？

答案：融入到原产地中对品牌表现起关键作用的方面。

每一种起源都形成了固定的形象和想法，像澳大利亚和加利福尼亚这样的地方不是唯一的在人们脑海中创造形象的地方，还有像马萨诸塞州的玛莎葡萄园岛或英国伊斯特本等地。一个品牌可以选择它的出生地和起源地，就像我们人类一样。因此，问题的关键是要充分利用自己的原产地。这可以通过搜索共同的能量场或能量场中能够利用逻辑支持品牌表现的单个共振点来实现。特别是那些广告支出预算有限的中小型公司，它们常常因为"原产地"而获得免费的品牌能量提升或支持效应。

作为社会能量场的品牌起源

只有少数品牌的原产地并不重要。品牌是一种偏见，我们通常会追踪它的起源。这里有一个小测试：你更愿意购买俄罗斯、德国还是意大利的汽车？因为品牌是根据社会规律运作的，所以它们应该有针对性地利用那些独特的销售主张，比如它们的原产地。否则，当起源于法国的品牌标致（Peugeot）和雪铁龙（Citroën）用英语向客户喊出"取悦自己"或"因你不同"的口号时，潜在客户会做出自己的解释或感到困惑。

澳大利亚引以为傲的本土品牌澳洲雄风（aussieBum）以其内衣和男模的性感姿态闻名世界。在该品牌的广告中，你会看到邦迪海滩上肌肉发达的

男性体格。不管在何种情况下，人们的注意力总是被这个国家的美景所吸引。该品牌也是触手可及的，可以通过网站直接与其创始人肖恩·阿什比（Sean Ashby）联系。"如果你询问的是一个独特的问题，而且你觉得只有公司的老板可以回答，请随时直接与肖恩·阿什比联系。肖恩·阿什比设计了整个澳洲雄风系列，是首席摄影师，也是创意部门的负责人。请通过 seanashby@ aussieBum. com 联系他。"

自然而然地，我们对澳大利亚的防晒霜比对挪威的防晒霜更有信心，而对于用于治疗因寒冷天气造成的双手干裂的护肤霜，我们更信任产地来自挪威的品牌。事实上，俄罗斯陶里亚蒂（Toljatti）制造的拉达汽车（Lada）并不像德国沃尔夫斯堡生产的大众汽车那样具有强烈的正面偏见。但每一个品牌都必须弄清楚在国际范围内对其原产国存在哪些（积极的）共同偏见。正如你所料，拉达最成功的车型是 4×4 全轮驱动越野车——拉达尼瓦（Lada Niva），现在在德国和奥地利市场被称为 Lada Taiga（指其起源），自1976年开始生产。

以下示例以令人印象深刻的方式说明了起源的力量：①国家层面。瑞士的银行、手表和巧克力，法国的红酒、时装和香水，德国的汽车、工具和机器。②区域层面。威斯康星州的奶酪，佛罗里达州的橙子，波尔多市的红酒或来自法国香槟区的香槟。

许多品牌将其原产地融入到自己的名字中，从而将其当地特色直接传递给公司：宝马—巴伐利亚汽车厂（汽车制造商，现在遍布全球范围）；科勒品牌（英文名称为 Kohler，属于制造业，该品牌以其创始人命名，但其公司名取自该公司总部所在的城市科勒市）；波士顿咨询集团（英文名称为 Boston Consulting Group，是一家咨询公司，现已遍布全球）。

可以创造性地以多种方式引入起源。例如，来自日内瓦湖上与小镇同名的依云矿泉水（Evian），其瓶身上印着周围的山脉全景。

嗨，伙伴们！我们的企业也和你很亲近

跨国公司也明白，它们的原产地可以很好地用于建立个人"联系"，以及与各自公司所在地区的当地人建立友好关系(在某些情况下，你也可以称为"拉拢")。因为一位来自亚特兰大的美国著名商业偶像看起来并不像当地的朋友那么吸引人，那么真实，于是可口可乐改变了它的原则，根据地点设计个性化的广告，以某种方式看起来像你的邻居，或者像圣诞老人。

原产地非常适合作为一个品牌免费的差异化点和独特的卖点。对于新成立的品牌来说，这种方法是必不可少的。

24. 有些品牌的起源具有负面含义，或者根本没有意义。对此你能做什么？

答案：起源没什么好坏之分。每一种起源都是一个可以产生共鸣的领域。

在1887年，英国人根据法律决定，外国商品必须贴上标明其原产地的标签，以这种方式来表明商品的质量差，这尤其适用于当时的德国产品。在当时，"德国制造"的标签被认为是对来自德国本土的廉价和劣质进口商品的正式标记，其中也有许多仿制产品。再加上20世纪的两次世界大战，希特勒的独裁统治，对数百万无辜者的残酷杀害。你会认为，由于德国的历史，将商品的原产地标记为"德国制造"是绝对不允许的，但情况完全相反。

这本书里有很多关于偏见的内容：积极偏见和消极偏见。德国除了在医学和化学、铁路建设(钢铁生产)和工业化方面取得了巨大的成功外，(不幸的是)战争在确保该国在世界各地有强大的积极影响力方面也发挥了作用，至少在机械工程方面如此(尽管现在已经采取了很多措施来彻底消除人们对地理位置的偏见)。

认识到每一种消极偏见都有积极的一面，这对品牌建设和品牌管理来说都是极为重要的。至少从品牌的表现来看，几乎每一个产地都有一个可以付诸行动的共鸣领域。25年来，令人印象深刻的是，莫斯科债务追收公司(Moskau Inkasso)表明，它已经理解了其原产地所提供的能量。只要看一眼该公司的广告语就足够了。

每种起源都有其特殊的优势；莫斯科债务追收公司(一家债务催收机构)的口号证明了这一点："你的债务人都不必说俄语，他们会完全理解我们。"

正如保罗·瓦兹拉威克(Paul Watzlawick)所说："人不能不交流，地区之间也不能不沟通。"此外，在我们这个信息灵通的时代，一个品牌几乎不可能隐瞒它的起源。因此，在应对品牌的真实性和透明度时，积极主动或者至少是开放的态度也很重要。**你可以有意地斟酌你的起源，特别是它乍一看不起作用的时候。**

真正的伏特加一定来自俄罗斯或者波兰，对吧？一种来自瑞士维利邵的非常成功的明亮伏特加(Xellent)品牌，它的红色瓶子上有白色十字架，这种酒被故意描述为原产于瑞士，现已成为一种时尚的饮料，目前出口到20多个国家。这种伏特加添加的纯净冰川水来自铁力士冰川，凸显了该产品的原产地。斯沃琪(Swatch)手表是瑞士品牌的另一个例子。这些价格低廉的塑料石英手表，明确地说是"瑞士制造"，也就是说其来自瑞士，而该国主要以最昂贵的自动手表而闻名。无论是来自丹麦的红酒，还是来自底特律的时尚，都是将免费的资源转化为社会推动力。每一种起源都为人们提供了产生共鸣的领域，而这些领域又能够形成一种有针对性的品牌卖点。

> 即使是乍一看没有吸引力或无趣的原产地，也可以作为产品免费的差异化点和独特的卖点。

25. 原产地本身，如一个城市、一个地区、一个国家，能成为一个"真正"的品牌吗？

答案：可以。

这一点可以从德国著名的叙尔特岛（Island of Sylt）汽车保险杠贴纸得到证明。在分析一个城市、一个地区或一个国家时，成功的典型架构可以是特殊自然景点策马特镇的马特洪峰、英格兰的康沃尔荒原景观、迪拜的标志性建筑哈利法塔、特殊的城市规划名称（联合国教科文组织世界遗产名录）、仪式化的活动（文艺复兴节、游行）、博物馆，等等。这些都是杰出的例子，只是为了说明一条基本原则：它们与普通的品牌一样。例如，三河艺术节（Three Rivers Arts Festival）是每年在宾夕法尼亚州匹兹堡市举行的一项重要的地区文化活动。这类活动对该城市的品牌有着巨大的影响。德国的瓦肯小镇通过一项活动获得了国际声誉。考虑到瓦肯露天音乐节的规模，我们也可以说，对于一个有1800人的村庄来说是一件盛事，因为每个人都参与其中。例如，瓦肯志愿消防队成员组成的乐队每年都会举办露天音乐节，他们自称为"瓦肯消防员"。

为了建立这样的联系，必须坚定地确定城市中最强烈的共鸣点。对于没有特殊旅游景点的小镇，例如，在大都市周边的农村地区，这些要点可以包括各类"表现"，如特殊的生活质量或空气质量、较低的土地价格（家庭友好型）、特别有吸引力的商业搬迁条件等。

越来越多的原产地必须是一个品牌或将自己定义为一个品牌，因为竞争在不断加剧。因此，公司要增强自身的吸引力就必须进行战略捆绑。在这种背景下，将城市作为品牌进行管理尤其复杂，因为在这个过程中往往要涉及许多利益集团及其关注的问题，而且通常有几个目标群体。

城市、村庄、区域、领地等，每个原产地都有可以识别的独特卖点。城市和区域间正在争夺投资者、游客、市民和公司，并且这种竞争越来越激烈，它们越来越需要让自己与众不同。实现这一目标就需要对品牌进行打磨。

26. 品牌历史有多重要？在我们这个快速发展的数字化和颠覆性时代，过去与现在完全无关吗？

答案：品牌的历史既是它的"财富"，也是它的"武器库"。它是公司当前和未来战略的指南针。

如果我们在标题中说"讲故事对一个品牌有多重要"，这个问题本身几乎毫无意义。目前，所有"专业人士"似乎都同意，讲故事是极其重要的。因此，在过去的四五年里，数千本书已经出版，可能也举办了许多场关于这个主题的研讨会。真正的企业家都会不厌其烦地讲述自己的故事，如果他想卖东西，他就不会只是把事实和数字念出来，以此来催眠听众。

这一术语受到如此多的关注，是整体形势的特点。当然，一家公司应该以令人兴奋的、有趣的、幽默的、富有创意的，最重要的是令人难忘的方式(例如，通过比喻的方式，就像讲故事一样)讲述其历史，包括基本理念、重要人物、成就和发明，以及其当前的相关性。**无论品牌是昂贵还是便宜，是大还是小，一个品牌在当前日常业务中的每一次主张都是其历史发展的唯一结果。一个故事通常离不开它的起源。**

为了在销售点(Point of Sale，POS)实现这一主张和看法，必须以一种全新的、相似的或自我相似的方式一次又一次地讲述其背后的历史。在现实生活中，公司档案室有时只是尘封的或冷冰冰的员工信息存储场所，只有在公司周年纪念日到来或记者对公司感兴趣时才会提及。毕竟，一些品牌现在都在实践"遗产保存"，也就是利用自己的历史来达到遗产保存的目的。

强势的品牌将其档案作为竞争中的武器。这些档案是品牌公司日常业务的宝藏,随时都可以通过强大的共鸣重新激活。例如,一家公司出售了6个月的花园土壤,包装袋中展示了20世纪60~80年代的设计。1980年在著名的电视广告25周年之际,一辆奥迪100凭借卡特罗全轮驱动在挪威毫不费力地开上了滑雪跳台。2005年,新款奥迪100重新拍摄了这一场景。这种做法是最简单的自我相似性方式。

关于这种做法产生了一些关键的问题。这些问题都来自那些可能在宣传方面投资数百万美元的知名公司。但客户真的感兴趣吗?这难道不是广告噱头吗?是的,的确如此。至少在顾客做出购买决策时,广告不会再吸引到很多人的注意了。但即使在今天,每一位普通客户在花他们辛苦赚来的钱时都想知道一件事:这家公司能做到它所承诺的事情吗?正是出于这个原因,品牌的历史背景和其真实的销售量起到了决定作用,尤其是对于小型手工艺品企业或区域性中小企业而言。

在英国,有些王子必须等待很长时间才能成为国王。如图4-26-1所示,这个站在知名蛋糕上的王子已经存在60年了,一点也没有变老。这说明了一个品牌如何自然地依靠其历史为生,展示了其多年来典型但不断变化的包装设计。一个品牌目前的所有市场主张都只能从其历史中得出,这就是该品牌蕴藏的独特宣传武器。

图4-26-1 蛋糕包装上的王子形象

资料来源:Griesson-de Beukelaer。

利用品牌历史本身并不是一种可悲结果。无论我们谈论的是大公司还是小公司，其目的都是积极影响或确保客户的购买决策。这也可以通过列举令人印象深刻的事实来实现，例如，"自 1994 年以来，某地区成功达成了 31479 笔交易"。

第五章

品牌、品牌管理与策略

27. 品牌管理和品牌战略在公司的组织中应该处于什么位置？

答案：品牌是管理层的责任。只有对自己品牌"前端的"的本质和动态有敏感度，它才能作为一个整体发挥作用。

工作人员精心撰写了品牌的相关文章，考虑到了很多品牌战略和品牌的其他事项。由优秀的人担任这些职位，这些人直接向董事会报告。董事会有时会做出反应，有时不会，但永远不会像那些职位上的员工所希望的那样。这就是为什么工作人员经常骂人的原因。在大多数情况下，执行董事会有某种愿景，但这与品牌无关——因为董事会成员对其他的公司也有相同的愿景。

中小企业的品牌管理也是如此。通常由品牌经理来处理这个问题。在其他情况下，市场营销部也负责品牌管理，但其目标往往与保护品牌完全不同（见问题 40 至问题 42）。管理层或首席执行官不理解品牌是老板的麻烦事，如果他们积极地进行干预，品牌就不能作为一个组织体系进行整体管理。

一个品牌的繁荣源自其从内到外的严格要求。在强势品牌的例子中，内部和外部的界限很难清晰地区分。经验表明，只有从上至下地理解整个系统，并始终如一地进行管理，才能在所有性能级别和层次级别上实施这种结构。总经理负责为公司设定关键参数和长期目标。如果要理解一个品牌是什么，要调整和衡量总体系统的每一个决策因素，那么它的责任必须在"顶层"。

如果大众汽车在汽车上安装了一款欺诈性软件，以及一家银行欺骗了投资者，那么按照品牌的逻辑，责任完全在于上面那些人设定的错误目标。这些错误的目标要归咎于许多与商业有关的品牌破坏行为，这些行为在很长一段时间内大规模地破坏了整体品牌和客户对公司的积极偏见。当长期愿景非常短暂时，就会出现这种情况，因为人们不了解自己所关注的品牌体系。

> 品牌管理就是企业管理，反之亦然。公司的关键商业参数必须由管理层决定。

28. 许多品牌都担心自己不够年轻。哪种策略可以让品牌永葆青春？

答案：品牌保持年轻，只能通过其"年轻的表现"，即符合时代精神的产品，而不是通过寻找年轻的目标群体以及在目标群体面前表现自己。

"我们的品牌需要变得更年轻。"你以前可能听过这条永恒的营销短语。听起来很有道理、有见识，富有吸引力，但其实完全是陈词滥调。通过这句话或类似的空洞短语（例如，我们将与客户一起消亡），老牌公司的市场营销专家经常强烈要求"品牌复兴"。然而，这一做法掩盖了一种错误思维，因为这些专家提及的说法基本上指的是别的事物：主要是客户的年轻化。在大多数情况下，是指让宣传变得"年轻化"，公司使用年轻人依赖的新渠道，等等。例如，针对更高档的品牌，推出了更便宜的入门级产品，而对于更便宜的品牌，则推出了更酷、更贵的产品线。这两条路径都是致命的。

这些战略路径上的问题是，一个品牌的吸引力和"永葆青春"原则上是可能的（见问题34），但绝不会通过吸引年轻的目标群体而产生，如通过使用时尚的风格和颜色、疯狂的公关活动或更低的价格门槛。同样的规则也适用于以下情况：作为客户，年轻人不应被轻视，也不应该被当成傻瓜（这同样适用于老年客户）。**从品牌社会学的角度来看，有一件事是肯定的，即一个品牌只能根据自己的风格和客户群来吸引和获取新客户。**

当然，通过"面向年轻人的活动"（至少在短期内），有可能接触到"更年轻"的客户。唯一相关的问题是，这种重新定位是否会对品牌的自我相似性提出质疑，从而激怒现有客户和影响他们的积极偏见。过往的经历让我们清楚地认识到，消除偏见是多么困难，甚至是不可能的。植入新的偏见需要付出多少努力？这一切总是伴随着一种危险，即作为品牌稳定的和相关收入来源的老客户将被吓跑，因为现在的品牌不再是老客户心目中的品牌了。

> 与其贬低来之不易的偏见，不如审视品牌可以使用哪些产品或服务来适应时代精神，从而获取新的目标群体，而不削弱其独特的特征。

29. 良好的品牌管理意味着划定清晰的界限。是否包括那些被定义为大众品牌的品牌呢？

答案：在良好的品牌管理背景下，界限意味着每个品牌都知道自己的特定界限，始终坚守并向外界展示这些界限。这也适用于大众市场品牌。

每个品牌都有自己的界限，否则它就无法被识别。这对大众市场品牌和奢侈品品牌来说都是一样的，基本上对任何社会体系来说都是如此，因为这是其保持活力的唯一途径。一旦界限变得漏洞百出，问题就出现了。例如，当一个明显基于大众市场偏见的亲民品牌，突然以自身名义推出了一条独家的、昂贵的新产品线。反过来说，当一个昂贵的品牌引入了廉价的二线产品以引诱新顾客时，这种情况也很棘手。在这种（错误的）逻辑中，新顾客随后会购买昂贵的产品或加入到昂贵的产品线中。**品牌只有在实行规范结构时才能够发挥作用。创建一个明确的内部结构，使品牌从外部被识别。**

选择苹果（Apple）还是三星（Samsung）？选择宝马（BMW）还是奔驰（Benz）？选择美国有线电视新闻网（Cable News Network，CNN）还是福克斯（Fox）？整个人生计划都取决于这些决定。品牌只有在它们对某些事情作出承诺，即当它们明确地表明自己的立场时，才会起作用。只有这样做，顾客才能够通过类似的经历对其产生信任。信任只来自熟悉的地方。让客户自己决定应该生产哪些产品（从什锦麦片到运动鞋）从来没有大规模地奏效过。然而，品牌方已经发现，允许在设定的参数内进行个人选择的短期创造性活动有一定作用。例如，制造商为客户提供定制特定系列运动鞋的服务，或者医生让你选择你更喜欢的治疗疾病的药物。但是，大声宣称这是一个为个人客户提供自由选择的时代，并不能使其变得更加正确或实用。品牌旨在解决问题，而不是创造问题。品牌发出了关于其能力的明确信号，而能力是它们存在的基础。它们没有将自己的专业技能传授给顾客，如完美调配牛奶什锦食品或制作一款吸引顾客的运动鞋。这样做会破坏一个行业。**在社交网络化的时代，以客户为导向并不意味着客户可以决定公司的定位。**

因此，宜家(Ikea)、沃尔玛等大众市场品牌必须像其他品牌一样小心翼翼地保护自己的界限。它们的客户就像爱马仕的客户一样了解各自的品牌及其特殊性。无论是爱马仕的手帕还是爱马仕的手包，所有品牌都必须能被客户清楚地识别，并发出可预测的信号。这并不像下面的例子所说的那样容易。

◀ 家具仓库里陈列着一张高质量但过于昂贵的隐藏式桌子，现在仍然没有卖出去，因为"宜家不像以前那么便宜了"。

◀ 一辆车拥有许多额外的配置，并且所有的配置都是现代化的，但它却卖不出去，因为"那已经不是达契亚(Dacia)了"。

◀ 没有俏皮细节的纯色衬衫很难销售："不知怎么的，这些款式不适合塔吉特百货。"

在这种情况下，"亲民"一词并不意味着品牌"什么都做"。事实完全相反。即使是吸引许多人的品牌，也可以(而且必须)以一种极其维护其形象的方式行事。品牌原则不仅适用于小众品牌和奢侈品品牌的领域，它涉及每一个品牌，最重要的是，这是一个持续管理的问题。

> 管理良好的品牌知道自己的界限和客户的期望，并日复一日地为客户服务，无论产品的价格和质量如何。

30. 现代品牌管理通常意味着基于数字和数据的战略决策。但是，统计数据和市场研究能否准确反映品牌？

答案：不能。从本质上来说，数字只能描述社会现象的表面，或者这一表面的某些个别方面，而这些方面并不能解释内涵。

如今，许多过去具有创业精神的和反应敏捷的公司都会严格执行市场研究。品牌的每一条关键信息在对外发布前都经过了数次测试。通常，负责品牌管理和营销的人似乎完全根据数字和市场研究结果做出战略决策，或者用这些数据来让自己安心。例如，每周都会查询品牌的好感度值，即使是−1.4%的变化也会被列为必须应对的战略灾难。但就品牌管理而言，这样做真的有意义吗？看一下这个基于一个国际知名城市的例子会有所帮助：

地理位置：北纬 48°8′13″，东经 11°24′31″

平均海拔：海拔 519 米(起算面)

面积：310.71 平方千米

城市成立年份：1158 年(首次有文献记载)

时区：欧洲中部时间(CET)+1：00

城市分区：25 个城区

最小区：施万塔勒高地(Schwanthalerhöhe，第 8 区)

最大区：奥宾–洛赫豪森–朗格韦德(Aubing-Lochhausen-Langwied，第 22 区)

城市边界(最大延伸段)：南北向延伸20.7千米；东西向延伸26.9千米

人口：1545105(截至2017年3月31日)

温度(平均)：50.7°F

2016年过夜停留人数：约1400万(2015年过夜停留人数约1410万)

......

这只是一个摘录。这样的统计数据我们可以继续写很多页。根据这两个区的名称，许多了解德国的人可能清楚这些数据是围绕哪个城市展开的。从结构上来看，关键在于，即使我们收集了巴伐利亚州首府慕尼黑的所有数据(这些数据将占据我们整本书的篇幅)，这些数据也会向读者揭示这座城市的很多信息，但它们永远无法"解释"慕尼黑。这些数字无法表达人们对这座城市的固定偏见和刻板印象，以及它对许多人(每年约有1400万人认为这座城市值得一游)而言所代表的意义。相反地，这些数字掩盖了人们对慕尼黑这一城市品牌的独特看法。所有这些数字并不能为城市品牌的进一步发展提供任何有效的指导。

如果再加上竞争对手柏林、汉堡、德累斯顿、科隆等典型的德国城市品牌的数据，那就完全混乱了，这些城市的邮政管理局很可能会在杂乱的数字中窒息。你是否愿意你的朋友用纯粹的数字来描述你？如果他们对你的评价是：身高约170厘米、金发、棕色眼睛、穿46码男鞋……你会觉得自己是一个有价值的人吗？答案是否定的。

还有一个疯狂的、天真的想法实验：想象一下，一位产品经理根据自己的"直觉"来决定新产品及其细节。即使在向管理层陈述时，他的说服策略也只使用一句自信的"我坚信"就足够了。尽管这样的想法在我们看来可能不切实际，但更令人恼火的是，如今所有人都知道的著名品牌(并被视为榜样)最初正是基于这样的过程。**许多品牌的创立都是因为一个发明家提出了一个想法，相信了它，并付诸实施。他或她通常面临着周围环境的阻力。**

其中许多想法只涉及一个细节（一种稍微修改过的处理技术、一种特定的交付服务等），但有时它们是革命性的，或者用当前的管理术语来说，是颠覆性的、改变细分市场的创新。

今天是什么情况？配备了一系列数字、关键人物、态度和情绪的面板数据，以及根据经验分类的数据，相关产品经理可以向上级展示产品理念。在"精益报告"的背景下，关于未来产品的决策是通过 10~15 分钟的讨论和分析得出的。这些数字已经清楚地计算出来了，现在是关于利弊的争论。

这种方法对公司所有关联方有什么好处？

(1)该决定符合公司管理中理性分析的基本态度。

(2)这个决定是非个性化的，按照这个逻辑，我身上所有的重任都移除了，这意味着，如果它以失败告终，没有人是"有罪的"。赞成或反对的结果是一组描述性的数字，经济表现的失败被认为是不可预测的，不会对项目或产品的发起人产生负面影响。

(3)该决定符合公司整体的结构逻辑，该逻辑要求在问责制方面有明确的关键数字。

这份清单说明了什么？它显示了一种(企业)逻辑，其后果在很多方面都是反复无常的，但最重要的是，它模糊了大局观。事实上，现在如果没有确切的商业计划，就不会有烤串摊开业，这就是后果之一(你打算在2029 年 3 月平均每天卖出多少串？)。这种类型的决策，在其基因密码和重要系统的框架内，破坏了对一个品牌至关重要的创造性发展过程。

> 对绝对数字真理的渴望，掩盖了一个事实，即品牌的成功不是基于数字分析的结果。相反，这是创始人根深蒂固意志的结果，且基于最初的品牌表现。

31. 当公司成为数字的奴隶时，会导致什么？

答案：每个人都得到了相似的数字，并从中得出了相似的结论。其结果完全同质化。

品牌的划分越来越细化，并试图通过尽可能集中的市场调查来确定最小的目标群体，并为他们提供量身定制的产品。这种方法基于日益复杂的市场和客户分析工具。最热门的词是"大数据"。其结果是，所有参与其中的人员越来越迷失方向——如果创意和改编没有通过一个明确的品牌定位来引导，品牌所传递的独特信息就会被打乱。

如今，品牌及其产品越来越多地在平均值和算法的基础上进行构思、管理或模仿。按照这种逻辑，它们不再是从日常生活中产生的"概念"或想法。只关注数字对品牌发展有严重的负面影响：

（1）每个人都有相同的估值基础：竞争对手观察相同的市场，并获得相似的市场研究数据。很容易理解，经历过相似职业道路的人，对某些情况的评价也相似。

（2）当估值相似时，因果结论和实施过程也将相似。简而言之，每个人都在做同样的事情，因为市场似乎起到了决定作用。

（3）因此，一个品牌的力量，即品牌的独特特征被不断削弱。毕竟，它试图尽可能准确地满足客户的愿望，就像其竞争对手一样。

市场营销和促销策略越来越成为一场数字之战。其目的是在统计的基础上预测事态的发展，而不希望从分析和整体上深入了解事实。出于客观性和实事求是性，数字降低了复杂性和风险，最能适应一个难以管理的世界的信息处理过程。

今天的数字表明，对因果关系的理解是封闭的，评估的基础是中立的。然而，品牌的历史证明，真正的创新和高于平均水平的市场潜力很少在于追求所谓的发展。相反，创造者设想并创造市场需求（见问题 2）。**强势的品牌并不是去满足市场需求，而是创造需求（至少在初始阶段）。**

史蒂夫·乔布斯的名言清楚地证明了这一点——他从不做市场调查，因为他确信，只要产品不存在，潜在买家就不会知道他们真正想要什么。他还说，他不能接受市场研究也是一门近似的科学。这不仅总结了其背后的关键逻辑，也证明了他自己的信念：40 年前，没有任何市场调查能预测到全世界的家庭会希望客厅里有一台电脑（现在是一台可以放在口袋里的电脑）。这些新事物都无法预测，因为它们完全是未知的。欧洲品牌创始人汉斯·多米兹拉夫（Hans Domizlaff）在大约 80 年前描述了这一现象，他说，顾客从来没有"苛求"，但最重要的是，他们会心存感激。

拘泥于数字的营销通常基于线性趋势的假设：一旦形成了一种结构模式，我们就倾向于对它进行更新。公司变得像一台机器，其零件可以根据时机进行更换和优化。这种思维方式是非常有问题的，因为商业实践证明，公司不是"微不足道"的，而是不断适应和发展的"活"的系统，这一过程在品牌科学中称为"自我相似性"（见问题 14）。

当人们只依赖技术和统计时，他们不再依赖自己的能力。相反，他们越来越多地将所有的思考都投入到决策网络中，品牌失去了真正的活力。在企业结构中，人们越来越意识到，品牌必须在线性逻辑之外发展。换句话说：将数字转化为人。为此，设立了"创意空间"和"设计实验室"，或至少举办定期的"创意研讨会"，其目的是构思基本的新服务，同时允许直觉的存在。在一个以数字为标志的时代，认真实施这些过程变得越来越困难。

事实证明，即使是在"混合消费者"的时代，数字化和交际开始泛滥，每个品牌首先都是一个社会联结点，需要从社会学角度进行评估。一个健康的系统总是从内部进行引导的，公司自己的内部指南针指导着公司的发展道路和决策，品牌发出的所有信息都会通过这个"指示灯"。强势的品牌管理只是"认知"的一部分。最重要的是，它是对品牌积极的和有指导意义的"感知"。强势的品牌永远是信息的传递者，而不是被动的接受者。

> 强势品牌不能满足市场需求，但满足了人们的需求。因此，它们是市场的驱动者，而不是简单地听从"不好的市场"的命令。

32. 在上市公司中实施品牌管理是否比在所有者经营的企业中更难？

答案：是的。股东和客户有不同的利益，这是每个品牌的社会冲突的来源。

一般认为，金融市场是一个有自身规律的市场。它的波动性和全球性的喧闹与繁忙给外界和投资者的印象是其难以控制或不可能控制。不同于其他市场，由于这种不合理性和冷漠性，作为现代经济生活的一个特殊领域，金融市场对许多人产生了影响。

让我们来仔细看看金融市场上实际交易的商业价值：从分析的角度来看，很明显，差异并没有那么大。基本上，这只是品牌系统通过首次公开募股（Initial Public Offering，IPO）向市场提供的一项特别优惠，并在现有产品的基础上增加一种额外的产品。股票现在作为经济实体本身的一部分公开交易，其自我造血功能是一个品牌的一种特别高质量的产品。

这一提议的特殊性意味着，管理层将以一种全新的方式设计公司，这在首次公开募股之前是最理想的，但在首次公开募股之后尤其如此。它必须将内心深处的自我转向外部世界。一方面，一家迄今为止一直相对保密的公司通过首次公开募股成为上市公司。这个词选得很巧妙，因为拉丁语中"Publicare"的意思是"宣传"。它的实质性产品首先建立了客户群，从而建立了品牌体系，否则其首次公开募股将缺乏基础。另一方面，它现在还对外公开了自己的实质性成果并出售了其中的股份。这样做的目的是提高生产效率、加大研发力度、提升企业利润。公众将首次公开募股理解为一次参与公司或展示产品所具备的商业技能的机会。因此，股票证书不仅是以前产品的一部分，它还是整个品牌体系内在价值、实质和增长潜力的一部分。

此外，新收购的金融市场的交易受到有关全球经济、行业发展、竞争对手估值以及许多其他公告信息的高度影响。全球各地发布的关于上市公司相关事件的意见是公众形成持久的大致判断的材料。因此，数千种观点造成了市场的波动。

首次公开募股对于品牌体系的发展至关重要。一方面，中小企业很难通过商业银行融资实现大规模和快速的增长。另一方面，从剩余利润中形成股权资本是一个极其漫长而艰巨的过程，在与竞争对手的生存之战中，这是很难实现的。

如果你能向潜在投资者传达，潜在的商业模式可以持续产生良好的回报。换句话说，如果你能提供强大的品牌体系，这就是上市的意义。

理论上，假设股价实质上是对期望的一种表达。因此，股份就成了企业行动的重要手段。最初的实质性产品不再是设计的唯一工具——又提升了一个层次。股价和质量都是品牌管理的工具。然而，这里最大的危险是将金融市场与销售市场分离。一些业内人士严肃地认为，两者之间关系不大。

金融市场和产品市场之间的差异被描述为一种两难的局面，并被认为是不可逆转的。在极端情况下，为了更快地报告销售的增长，有人会建议公司为了汇率而降低产品的质量。事实上，这种情况经常发生，因为主要投资者希望(共同)决定公司的股份，而管理层的成功是根据短期目标(股份)来衡量的。出乎意料的是，心理敏感性和考虑因素影响了高度复杂的创业系统的结构特征。

于是，另一种现象出现了。在公众眼中，主要问题是股票表现，即公司股票的估值。为了使其股东获得更高的利润，管理层试图通过降低产品质量来实现更快的周转,从而在短期内改善股价走势。这种预期(短期)价格上涨的代价是放弃了多年以来建立的高质量水平。然而,从季度报告方面来看,这种机会主义对公司的长期影响是有问题的。两个不同的市场(资本市场与股票市场)正在破坏产品的好名声。

有一点是明确的:产品质量的下降不可避免地会导致客户失望。在权衡股价提升和产品恶化的关系中,每个人都在评估公司在公众眼中的地位方面发挥着重要的作用,在一阵震惊之后,客户开始表达他们的愤怒。社交媒体和行业媒体欣喜若狂地报道了关于产品质量下降的消息,这一事件成为了业界的话题。毕竟,降低质量不再是一次性的错误,而是现在的一种策略,即使这些改变是以"适应客户的需求变化"为理由的。更多的公众开始意识到自己的弱点,背叛了自己的忠诚,并立即将自己树立为一个惩罚性的权威的形象。这家公司的声誉出现了裂痕。

现在,股东迟早会知道这一情况。股票交易记录了新的可疑点,但最初是在自己的市场上庆祝交易。和以前一样,问题的根源在于公司本身:管理层正在为这两个市场而努力工作。在其资产产品的市场上,其在一个较低的价值水平上企稳,而在股票市场上,其价格在短期内有所上涨。于是,灾难性的循环开始了。

在首次公开募股后,品牌仍然是唯一的行动指南,只有如此,公司、客户和股东才能从中长期受益,更不用说品牌本身了。

33. 一家公司如何成为或者维持一个强势品牌，即使它是一家上市公司？

答案：挑战在于，日常业务和股票市场应被视为品牌的"正常"部分，把它们分开将是致命的。

品牌是一个高度网络化的交流社区。里面几乎所有的事物都是公开的，尤其是在一家希望以高效的方式与公众合作的上市公司。在每一个联结点上，每一家拥有股东的公司都必须保持一致的说法和表现标准，向公众、投资者、共同所有者和行业提供服务。

如果认为一家上市公司可以兼顾两个市场，在经济上是不可行的。即使公司中的各部门都有相应的设置，但在其周围的市场中，一切都会不可避免地趋同。因为这两个部门彼此了解，顾客既不能无视这一点，也无法将顾客群体一分为二。如果从细分市场和目标群体的角度进行思考，这一点对于一家公司来说，即使不是破坏性的，也可能是具有一定困难的。**现代信息来源使股东和产品购买者联系得如此紧密，所以必须将股东视为一个单独的客户群体。**

客户为公司的发展提供了一个独特的机会，尤其是对于一家上市公司而言。通过股票市场，公司极大地扩大了业务范围，并拥有一个高效的分销平台。然而，它必须在其特定的表现模式中与在其他分销渠道中一样令人信服。从长远来看，管理层应该相信，对自己品牌表现模式的忠诚会使分析师、交易员和投机者在评估中受影响，因为归根结底，任何具有商业思维的人都不能忽视令人信服的品牌表现的价值，尽管(或正是因为)市场越来越被投机者所主导。

　　管理层负责根据公司在日常业务中的表现制定发展战略。尽管存在各种差异，但品牌方必须将两个市场结合起来，并在所有活动领域为其全球客户重现其可靠的质量水平。这为产品和股票的良好表现创造了最佳条件，即必须优化产品，才能将股票打造成真正的、有价值的安全票据。

　　管理层在计划将股票作为一种有价值的投资(或作为一种证券)来管理时，不应被市场动荡和波动分散注意力，要确保品牌系统实现可持续回报。平静的时光一去不复返，我们需要的是一种冷静的决心，建立一个真正以股东为主体的群体，能够为公司和品牌的股票增加长期价值。不再将股票视作一种投机对象，而是将其转换为价值对象。对于品牌而言，这是一项重要的任务。必须采取这样的战略，即使股份制公司转变为一个真正的以股东为主体的群体。

　　在公司的战略思维中，销售市场和金融市场不是分开的。普通客户和股东(可能是贸易商)对公司而言具有同等的价值，这是为品牌创造持久附加值的唯一途径。

34. 如果策略没有起作用，品牌会因此消亡吗？

答案：如果公司不了解其独特的格式塔理念和规则，品牌就会消亡，而不是因为它们的客户消失或者离开。

每个生命的目标都是为了持续存在。尽管人类作为有机体可以大力繁殖自身的基因，而且寿命相当长；但与之相比，品牌作为一个社会的、有生命的实体具有很大的优势。有了良好的领导力，只要品牌作为一个社会实体的基因密码是绝对固定的，或者品牌的领导力是一致的和灵活的，一个品牌就可以永远存在，甚至永远保持年轻和活力，例如，体育用品品牌彪马(Puma)自1948年就已存在。尽管许多与品牌同龄的人早已退休到了佛罗里达州，但该品牌在国际体育用品领域仍相当活跃，并与年轻的模特、女演员如卡拉·迪瓦伊(Cara Delevigne)等建立了职业关系。因此，每位企业家的公司以及他们的创业基因都值得被传承下去。许多创始人必须意识到，仅把孩子(他们的企业)带到世界上是不够的，有时他们带来的负担甚至会产生负面影响(尽管他们拥有哈佛大学的MBA学位)。所以最好是依靠一个超有机体。

超有机体的再生是通过社会传播事物和偏见而发生的，不仅是受影响的人，也包括所有与超有机体有关的人。在这里，品牌再次成为一个普通的文化实体，就像人类创造的每一个社会实体一样，其通过知识的社会传承和仪式化的培养继续存在，且特色鲜明。从一代人传承到下一代人，主要是通过特定的与业务相关的表现进行的，即通过特定的商品和服务。因此，传承既掌握在领导者手中，也掌握在员工和众多中介、客户或忠于这种表现的"粉丝"手中（见问题 47 和问题 48）。所有这些都表明了之前引用的营销谬论，即"我们将与客户一起消亡"是具有误导性的。事实是"多亏我们的客户，我们才能活下去"。

俄罗斯文化哲学家莫伊塞·卡根（Moissej Kagan）指出，事物作为"文化基因"发挥着重要的作用。每一种文化都表现在某些事物上，并通过这些具体的事物代代相传。品牌的负责人会通过这些事物或者公司当前的表现加深积极的偏见，或者如果新产品或服务的活力不如以前，则会削弱这些偏见。以下内容变得清晰：**品牌的产生是一个真正的集体过程，起初只是品牌执行了公司的特定社会意愿，而这种意愿通常是创始人的基本理念。**

品牌不受正常生命周期的约束。一方面，无论是伯爵茶（Earl Grey Tea，约成立于 1880 年）、国际商业机器公司（International Business Machines，IBM，成立于 1911 年）、高露洁（Colgate，成立于 1806 年）、梅森瓷器（Meissen Porcelain，成立于 1710 年）、汉堡火灾保险局（Hamburger Feuerkasse，是世界上第一家官方火灾保险公司，成立于 1676 年），还是德国斯塔弗尔特·霍夫酒庄（成立于公元 862 年），其中一些文化习惯、语言、习俗、音频和文字体系都具有惊人的生命力。另一方面，其他品牌在短短一段时间后就消失了，这些超有机体的死亡在大多数情况下是由自己造成的。虽然有机生物必然死亡，但商业生物的死亡可以视为缺乏领导力引发的内部崩溃。

与劣迹歌手合作是否真的能帮助梅赛德斯-奔驰这样的品牌获取更大的影响力？毫无疑问，梅赛德斯-奔驰的管理层希望展示其品牌的炫酷与时尚，但是这样做真的有效吗？梅赛德斯-奔驰的核心客户怎么认为呢？

在这种情况下，媒体喜欢戏剧性地谈论"品牌的衰落"，这种讨论具有突然性且这只基于单一维度。然而，对于品牌社会学而言，通常很容易通过分析确定整个系统中是哪些原因导致了系统的解体。在结构层面上，这种分析主要是关于忘记和忽视品牌的宝贵资产。通常，管理层也采取了有针对性的方式：残酷地抑制品牌成功的原因，整合新的品牌表现，尽快增加销售额，或征服全新的市场。在客户之间没有相互串通的情况下，没有一个品牌会因为其客户突然有一天决定不购买某产品而消亡。品牌消亡是因为品牌公司的负责人不想认识到自己品牌的优势、特色或界限。因此，品牌不再以典型的方式展现出来。

然而，同样显而易见的是，一些品牌在其生命周期中面临着极其巨大的挑战。例如，像哈雷戴维森这样的美国传奇品牌，在电动机(或氢气)快成为新引擎的时候会做什么？自1903年成立以来，轰鸣的发动机或排气系统的噪声仍旧是该品牌存在的问题。会不会看到一位有代表性的哈雷戴维森摩托车手骑着一辆发出人造马达声的电动哈雷戴维森摩托车？这些车现在已经在销售，但它们真的会被客户接受吗？该品牌的第一任首席工程师威廉·哈雷(William Harley)会怎么说？但抛开玩笑不谈，这里我们要处理的是一个典型的分析问题，而正确的答案是一个品牌进一步发展的基础或关键。只有考虑到品牌的历史，经过深思熟虑后的答案才能帮助品牌成功。

放心：强势品牌永远不会彻底消亡

从外部来看，大品牌的解体更像是一场变革。品牌的实体缩小，逐渐成为记忆。日常生活中产品或服务的使用频次减少。同时，(以前的)客户会越来越多地记住它们或想到它们。在这方面，品牌(作为超有机文化实体)是死后重生的生动例子。一些品牌的例子说明，即使是在长期没有实体存在的情况下，它们几乎是自发地恢复了活力。当品牌实体被刻意盘活时，就会出现这种情况。客户从沉睡中醒来(或被唤醒)，并立即做出反应，产生许多购买冲动。

"冷战"结束几年后，东欧品牌再次出现，这是这些社会实体唤醒沉睡力量的有力证据。当人们试图以"自我相似"的方式在表现和外观上复苏一家曾经的公司时，这种表现立即产生了共鸣。[①] 想要第一次进入欧洲市场的亚洲企业，往往在寻找欧洲老品牌，凭借这些品牌，它们可以克服进入障碍。必须指出的是，只有在表现层面能够清晰可见、切实可行，且可以识别出与原始品牌真实的相似性时，复苏才会有效(见问题 14)。

> (以前的)每一个强势品牌背后都有一种强烈的正面偏见。如果一家公司以一种典型的方式将品牌偏见与品牌表现的细节联结起来，那么该品牌将获得客户共鸣，且这种共鸣与时间无关。但如果仅使用一个曾经有名的品牌名称，而没有进一步的文化联系，这种方法是行不通的。

---

① To go deeper into the topic：Errichiello / Zschiesche：Erfolgsgeheimnis Ost. Survival- Strategien der besten Marken-und was Manager daraus lernen können. Wiesbaden 2009.

35. 品牌管理是否存在"过度管理"的可能性？公司的品牌是否应该追求"过于完美"？

答案：存在"过度管理"的可能性。完美是不可取的，因为生活本身是不完美的。

当涉及品牌管理问题时，决策责任人进行决策时仅使用数字就将自身的责任免除了。那么，作出决策的不再是决策者，而是基于数据的分析来决定决策应该是什么(见问题30和问题31)。这对人们的普遍认知产生了影响，尤其是对那些管理非常专业的品牌。事实证明，我们多次描述的基本品牌弱点在其产生的后果中无处不在。

究其根源有两个问题：

(1)教育缺乏生气，商业教育的特点是数字和统计。生活的现实和这本书说明，仅使用关键经济数字的描述是无法阐述品牌独特的"格式塔"理念的。任何品牌都不能仅用数字、事实和图表来描述。数字只提供品牌系统的表面信息，而不提供品牌系统的本质信息。

(2)成功的紧迫压力，对管理者的期望压力较为复杂，对速度的极端需求也加大了这一压力。谷歌的"实时"分析，确保了一个行动的成功与否不是以周或者天为单位进行评估的，而是应该立即进行评估。晚上通过智能手机传达当天的营业额数字以及准时管理库存，是许多公司的标准。这给公司带来了显著的心理后果：以效果为导向的行动永久地成为了品牌发展的长期视角。

品牌经济中的新货币在逻辑上不是"附加值"，而是"关注和活动"。宣扬这一信念的外部培训师和顾问在世界各地的演讲舞台上摇摆不定，他们的发型或服装都很离谱，并因其创新的想法和实施而受到那些希望拥有更多灵魂和色彩的付费企业的欢迎。

重新调整评估基础会导致这样一个事实：传媒经济的产品（可能）会导致企业与真正下订单和处理资金的人保持距离。归根到底，这不再是关于产品本身，而是关于（注意：这是前面的行话）"认知的产生"。越是打破禁忌，越是激发期望，这就越成功。

一种纯粹以商业为中心的品牌管理方法希望将所有关于品牌的特征、数字与事实进行结构化、系统化和组织化。根据严格的原则，这些程序旨在使品牌能够在所有渠道上以一致的方式进行推广。任何一位客户服务代表都无法避免在众多研讨会中所进行的优化：电话中的问候语和词语选择、电子邮件的文本模块、姓名标签的间隙，甚至酒店入住人员向你提出的问题，都是事先交给他们的。检查表、手册、日常行为指南，这些是每位"一线员工"的工具，它们扼杀了个性化的服务意识。

例如，设想一下，一位女售货员在大雨滂沱的日子里，把游泳用具摆在显眼的位置，当首席执行官突然问这样做是否合理时，她回答说："我当然卖不出去，毕竟现在在下雨。但是我刚收到销售主管的一封电子邮件，提醒我应该严格遵守夏季促销活动的指示。"这种指导文化背后的信息很清楚："我们付工资给你不是为了让你思考，只是为了让你完成任务后在任务清单上打钩。"而对于在呼叫中心或者面包店柜台打工的人而言，说错话是一场灾难，因为总是可能有神秘的顾客做出出乎意料的举动。

有一个关键的问题不再被经常提及：是完美的、精心设计的视觉效果脱颖而出，还是因为一位忠诚且友好的公司代表以个人身份与我们接触，且让我们还记得那些特别的对话和邂逅？我们更喜欢哪一种：仅是工作人员，还是那种亲自回应我们的，甚至会以意想不到的方式行事的员工？我们真的同情那些没有犯错的人吗？完美可以带来一种距离。当涉及顾客与品牌的接触时，适用于私人互动的内容也很重要。一个人的错误比"照本宣科"导致缺乏个人参与更容易被原谅。在客户服务中，没有什么比这句话更糟糕的了，即"规则就是这样规定的"，因为它否定了对方作为个体的概念。

这是否意味着品牌经理不应该制定规则？目标冲突这一话题并不新鲜，是科学辩论中反复出现的话题。德国出版物《市场营销杂志》的出版商兼创始人沃尔夫冈·K. A. 迪施（Wolfgang K. A. Disch）写道："对于我们来说，真正的挑战是我们提供的产品必须是个性化的"[1]，"所以继续通过碎片化的信息来对品牌进行细分，是要将其分解为个体层面吗……小心，这会让我们误入歧途……但这并不是要将它分解到直至客户人数为1……当我们提及个体这个词，我们指的是社会背景下的个人。这不是关于一个完全个性化的社会，而是关于社会中个人更强烈的自我表达，即活出自我的概念，成为一个个体，而不是与大众脱节"[2]。

有些品牌外表看起来管理得很好，但正是因为它们看起来如此周密，却让人隐约感觉到不适。例如，宜家似乎是一个管理完善的品牌，但事实上，每一个蜡烛盒、每一处儿童角落、每一条公告，以及每一句"我能帮你吗？"都具有精心算计的效果，这会让客户怀疑这种友好是否真诚。

即使是在星巴克咖啡店，一切看起来都很友好。一开始，"座位区"被认为是"外部客厅"，这一概念实际上让许多客户都十分受用。"奥利弗，你的咖啡要加热牛奶吗？"就像在家里一样（他们问你的名字，并把它写在杯子上）。但是对其他的客人，其语调和措辞是否完全一样？这说明了一个品牌体系是如何坚信极为复杂的挑战只能通过严格的程序规则来进行控制的。

---

① Disch, Wolfgang K. A. : Menschen im Markt. Wunsch nach Individualität-trotz der Masse. Marketing Journal, Issue 5 / 2000, p.253.

② Disch, Wolfgang K. A. : Menschen im Markt. Wunsch nach Individualität-trotz der Masse. Marketing Journal, Issue 5 / 2000, p.254.

没有一个成功的品牌体系是通过纯粹的决心创造出来的。相反，成功品牌的特点是它们以自我相似的方式进行开发和对传统系列产品进行调整。星巴克曾经是西雅图的一家小型社区咖啡馆，而苹果品牌则是一台供各个机构使用的电脑。复杂的系统永远不能达到平衡，这意味着它们必须是稳定的和静态的，但它们还必须是充满活力的和不断改变的，否则它们就会变得死气沉沉。这种行动上的平衡是困难的：品牌必须在哪里维持自己的现状，以及在多大程度上允许控制偏差？成功的典范是一种巨大的帮助。**公司需要提供的信息让客户感觉到其正在量身定制实现自己的愿望，这意味着公司所提供的产品是"个性化的"。**

应该提供什么类型的产品？例如，不要含糊地将交货时间定为"4～6周"，而是确定购买的时间以及确切的交货日期和时间，以便客户更好地进行规划。亚马逊送货应用程序就是一个例子，它显示了送货司机的实际位置。又如，在酒店或租车公司前台，长途旅行后疲惫抵达的客户会对自己预订的房间或汽车升级服务感到惊讶。问题是，对事物应该如何"呈现"的包罗万象的定义使得人们可以很容易地做出决定。然而，这种做法并不能应对使品牌保持活力的实际挑战。**品牌管理意味着需要对行动纲领进行规定，赋予员工在具体情况下根据"常识"作出决定的责任。**

只有当个别员工被认定为某个品牌的代言人时，通过销售点的精致室内设计、客户忠诚度计划、精心设计的朴素包装，许多品牌所追求的真实性才会显露出来。这种类型的领导需要具备对员工的信任，因为我们已经认识到了这样的事实，即如果品牌要长期生存下去，并非所有事情都必须是可预测的。这样做可能导致失误，但会增强公司自我发展的潜力。这种对错误的宽容与市场营销中的全覆盖保险的心态相矛盾，但它又回到了每个品牌的起点：想要从一个很小的方面以特定的方式来诠释世界。

品牌是活生生的社会实体。试图将它们禁锢在一个结构性的笼子里，就会剥夺它们的个性(如品牌构成、服务标准)。品牌因其独特性而蓬勃发展，当客户只遇到统一定义的品牌元素时，这种独特性就会消失，顾客也会丧失其与品牌相关的个人地位。

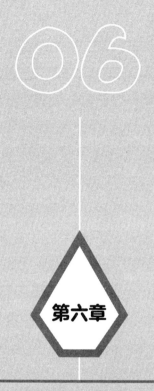

06

第六章

品牌、品牌名称和标志

36. 商标对于品牌而言有多重要？

答案：商标/符号是品牌能量的重要储备池。

许多营销专业人士和广告代理商已经设定了一个目标，努力将他们的产品公司变成一个真正的品牌。他们向该公司提出的建议包括一个时尚的标志、吸引人的口号、精美的宣传册和一个专业网站，以上这些都是在之前精心设计的企业形象的保护伞下进行的，其范围包括从汽车油漆到圆珠笔。通过良好的领导和鼓励，"品牌圣经"与该公司的价值准则一起被制定出来。一些公司希望制定一份"品牌章程"，并将其作为正式文件分发给所有员工进行签署。

当一位平面设计师为一家新公司设计了第一个标志，广告代理商为该品牌"定义"了一切时，承包商和客户通常都会有一种新品牌诞生的令人振奋的感觉。这是一个谬论，从品牌的历史可以看出：当今世界闻名的每一个符号/标志最初都是一个干净、清白的符号，不含任何共同锚定的内容。例如，奔驰的标志，如果对品牌背景一无所知，这颗奔驰之星会是什么样子？为什么称为星？整个图案只是一个奇怪的、三点式的抽象符号，周围环绕着一个圆圈。只有通过这颗星背后的品牌提供的表现，这幅无价值的图画才充满了真实的内容，因此，自1926年以来，其通过持续的品牌表现成为一个象征性的图标。如今，这颗星是世界上最著名的商标之一。

更让人无法理解的是，一些老牌传统品牌天真地认为，一个（全球）公认的标志在某种表现的背景下，可以在一夜之间切换到完全不同的产品群体中使用。其想法是，"市场调查发现，我们在木窗领域代表着高质量，所以一定要把这一点推广到其他领域"。几年前，德国著名的瓷器制造商梅森——该公司以其珍贵的物品闻名于世——决定在意大利米兰设立子公司，试图将梅森发展成为欧洲领先的奢侈品品牌，主要以丝巾、手表等产品为主。提到产自意大利的梅森，人们想到的是家具、领带和精美的服装。任何了解品牌管理的人都会对这个决定感到震惊（毕竟，这两个城市的英文名称都以"M"开头）。这场冒险于2012年开始，但在2016年底以巨大的亏损告终，在米兰著名的购物街上新建的展厅也关闭了。

从管理层的混乱和对自身实力的高估来看，这类事件的发生完全超出预期设想，但它们确实表明了人们对品牌名称及其相关标志的广泛理解。这一传统还包括引入新的颜色或标志，对品牌内部进行重新定位，这种做法总是被视为品牌的一种改进或一个新的开始（见问题38）。

品牌的标志是对品牌的信任和积极偏见的储存库。从成立的第一天起，公司在其历史过程中所做的一切和所取得的成就都被客户群体存储在品牌的名称和标志中。因此，必须小心保护品牌的整体象征意义，尤其是要防止外国势力影响或损坏。例如，这也适用于一家公司自己的员工，他们每周三以"贝克尔九号建筑商"的名义一起打保龄球，并在吧桌上画了一个自行设计的"幽默"版公司标志，包括一面三角旗。但遗憾的是，只有一个人无法做到这一点。

动物通过固定的内部信号进行交流，这些信号根植于它们的本能基因中，并激活固定的刺激-反应链（Stimulus-reaction Chains），而人类则通过赋予它们自身意义的信号进行沟通。每个标志都是权威的，它必须具有明确定义的内容，以便于区分。世界上的每处战场都是一个可悲但令人印象深刻的例子，表明一个人可以在多大程度上维护自己的标志主权，反对其他群体及其标志。人类已经打破了这种无意识的本能。此刻，他的标志被认为是一种象征。

为自己创作标志的能力，以及由此产生的传递标志的能力，使人类能够建立精神领地，经营良好的品牌就是证明。那些在韩国或波多黎各待了几个星期的人也许会经历这样的时刻，在一大堆认不出的字母和发光的标志中间，他们会突然为一个黄色的"M"字母而高兴，即使他们在国内会避开这家快餐店。标志不一定总是要那么引人注目，但有一点是明确的：它在引导客户找到品牌的符号（包括名字）方面具有极其重要的功能。可以说，标志肩负着巨大的责任。公司必须在做出任何战略决策时都要考虑这一点，因为标志会影响公司的象征意义。

每个品牌体系都是不同的，因此，其都有自己的逻辑和感知（不仅仅是象征意义）。这在某些国家可能会有很大不同，或者只能用不同的方式表达。日本日常生活用品品牌无印良品（MUJI）成立于1980年，代表极简主义的设计和功能，在其门店中销售各种厨房用具、服装和家具。它的目标不是成为一个品牌，也不是仅用自己的产品赢得人们的喜爱，其品牌名称体现了这一点。MUJI是Mujirushi Ryo-hin的缩写，意思是"无品牌，物有所值"。即使是由著名设计师为无印良品设计商标，他们也是匿名的，因为只有设计和实用性才能使人印象深刻。当然，无印良品如今是一个品牌，但它并不想成为一个品牌。这在成功的情况下基本上是不可能的，因为人们对无印良品已经建立了一种积极的偏见。即使无印良品故意不给自己设计一个经典的品牌标志，其品牌名称也会自动成为一个商标，顾客通常可以通过逻辑或显而易见的产品而得出这个结论。

重要的是，品牌名称和品牌标志不是可以任意绘制然后在任何场所使用或移动的空虚的表面符号。强势品牌的标志在其传递的信息中具有明确定义的共性本质。一个标志体现了一个具有自身内部规则和禁令的社会体系，这些规则和禁令完全源于它的历史，并且不能任意转让。

标志/符号还不是品牌。只有当与品牌表现相关的标志被赋予了特定的期望时，人们才会谈论品牌标志。

37. 品牌的名称有多重要？

答案：品牌的名称是收集和存储品牌能量的社会型仓库。品牌从其成立的第一天起所取得的一切成就都积淀在这里。

销售产品的真正方法是以一个名称提供产品，一直以来都是如此。名称意味着产品的独特性以及其愿意承担责任和展示原产地的意愿。一个合适的名称甚至是实现这一点的最佳方式。一个名称代表一个特定的人，也或许是一个家庭或一个地方。名字本身就很强大，因为它是原创的，因此是独一无二的。通过名称作为市场中的(新)表现，现实的(新的)部分变得可识别。如果一个品牌的表现能长期持续下去，其就能将自己与其他品牌区分开来，并建立自己的能量场。米勒、休伯、施密特等真实的名字，是指作为制造商、服务提供商或经销商的人，这些人以自己的名义在市场上销售产品。通过这种方式，表明自己愿意承担责任。名称可以立即被识别，客户也可以直接与制造商取得联系。这种对自己产品的准个人承诺给买家留下了深刻的印象。客户和公众会自动将该名称视为他们可以联系的人。名称是一个个性化符号，客户不会就法律实体或产品进行沟通。客户总是直接谈论这个品牌，如"我喜欢好时之吻(Hershey's Kisses)巧克力的味道""梅西百货公司(Macy)有一个很便捷的应用程序""希尔顿(Hilton)现在在摩洛哥有一个度假村"，等等。品牌名称越真实，互动就越生动。其既有好的一面，也有坏的一面。

罗马人认为名字是一种预兆，意味着名字中也包含着承诺。一个优秀的商人要建立并打造好名声。无论如何，他的名字之所以引人注目，正是因为它是一个名字。这就像当你和一个陌生人相遇时，你们要做的第一件事是说出自己的名字，互相介绍自己。这种习惯会打开或关闭对方的心门。这就是为什么仔细选择品牌名称如此重要，以免最后成为第100家自称为××打印、专业打印或全球性打印的打印店。这些名称非常通用，但不太可能在客户心中留下印象。此外，它们可能很难使顾客建立起信任感。**一个品牌的名称应该是使一家公司在许多公司中脱颖而出，而不是隐藏在众多公司中。这就是"××"和"全球性"的错误之处。**

最后，品牌的名称始终记录着品牌的起源，无论是通过名称的发音，如克里斯汀·迪奥（Christian Dior）、渔夫之宝（Fisherman's Friends）、利口乐（Ricola）、晚八点巧克力（After Eight）、西亚特汽车（Seat），还是通过专有名称，如德意志银行（Deutsche Bank）或美国银行（Bank of America）。特别是食物，通常以其来源命名，如老密尔沃基啤酒（Old Milwaukee Beer）、费城奶油奶酪（Philadelphia Cream Cheese）或老湾调料（Old Bay Seasoning）。人们将地点与非常具体的表现承诺联系起来。一个起源地有一个"电荷"，并将其文化能量转化为品牌的能量，如维也纳的萨赫蛋糕（Sachertorte）。

但名字也可以见证历史本身：著名的姓氏——纽曼意式风味沙拉酱①；著名希腊女神的名字——Nike（运动装备）；著名地点——杰克·丹尼尔的田纳西威士忌（饮料）。

这些名称体现了品牌在文化上的表现，品牌表现本身的起源已经是一种文化成就。强势的名称（或主张）自其产生以来就在全球范围内普遍存在，它们不能被翻译。为什么会这样？它们的奇特之处正是它们在国外市场吸引人的原因。它们比试图将这些名称合并的外国书写系统更强大。例如，奥迪的宣传口号"Vorsprung durch Technik"②在中国并没有翻译，保留了其在德国的叫法。

---

① 译注：取自 Paul Newman，他成立了名为 Newman's Own 的天然食品公司，从做沙拉酱开始。
② 译注：奥迪在全世界统一使用了"Vorsprung durch Technik"的宣传口号，意思是"科技领导创新"。

品牌名称通过自己的意志迫使人们采用不同的发音习惯。作为一个权威体系，品牌自身及其名称（几乎）受制于所有形式的拼写和语音系统。现实生活表明，强势品牌甚至不需要统一的发音。例如，在英语世界之外，人们并不清楚 Nike、Ikea 或 Levis 的实际发音。这表明了一个原产地所展示出的实质性力量，与在目标市场上根据语音实用性选择不同品牌或产品名称的普遍趋势相矛盾。想要"走向全球"，我们需要的是相反的方法，因为正如哲学家奥多・马夸德（Odo Marquard）所说："没有过去就没有未来。"

　　没有人与无名小卒建立业务。名字形式的个性、责任和起源，在适当的品牌表现下，会自动触发受众的倾向本能。

　　名称使独特性变得清晰。这是一种个性化的象征。

38. 如果主题是公司的总体变化，那么我们如何解释经常关注标志发生变化的这一现象？

答案： 至少很多公司都这样认为，如果公司暴露在外的某些东西发生了变化，人们会立即认为其内部的一切都发生了变化。

许多激进的标志变化通常发生在内部结构变化之前，因此并不代表公司的全新流程。内部变革需要时间，对于大公司来说也是如此，但行动的希望和意愿至少必须在之前表现出来，而且必须表现得非常具体。在管理层的广泛认知中，成功的管理意味着迅速且令人印象深刻的行动，以及充满活力、轰轰烈烈的且具有穿透力的打击。至于其标志，它必须起到相反的作用，向客户和公众表明，其内部结构已经更改，并且经过大量工作和激烈的步骤后，该过程已正式完成，然后对标志进行轻微修改，这反映了标志的改进或现代化的表现结构。

"先外后内"这句格言不仅在商业和政治领域流行，而且在社会的大部分领域都很流行。然而，这并不能代表其背后的逻辑是正确的。例如，2009 年，快餐连锁店麦当劳试图改变其形象，将著名的"M"字母的红色背景替换为绿色背景。顾客被误导，认为这家总部位于美国的肉类烘焙店现在是一家绿色食品公司，菜单上有大量的沙拉、健康的蔬菜和纯素汉堡。我们可以看到，即使是现在，麦当劳也没有成为素食主义者和纯素食者的朝圣之地。有趣的是，在麦当劳这一典型汉堡品牌扩张的同时，越来越多的优质汉堡餐厅在城市开业，并以合适的价格获得了巨大成功。这表明，肉食爱好者并没有消失，商家仍然可以用这些肉馅馅饼赚大钱。**标志必须为公司所有的错误和失败赎罪，而且它无法为自己辩护。只有员工团结一致反对这一改变，才有机会防止一场考虑不周的变革。**

有时这种改变的错觉只是个人的虚荣心。可以说，这个品牌受到了新任 CEO 或经理的惩罚，从成立的第一天起，他们希望自己天马行空的创造力和内在的"改变意愿"能被外界察觉，并在以后将自己的名字与品牌永远地联系在一起。

这些大规模且很少成功的干预措施清楚地表明，作为品牌管理的一个关键组成部分，内部品牌边界保护是多么重要。最终目的是确保品牌在社交联盟竞技场上拥有一席之地。然而，与树木和动物相比，社会实体需要对其蓝图和成功模式有精确了解（见问题 18 和问题 19）。它们需要内在的自信，这是基于对自己独特性的认识。

如果品牌方知道潜在的结构并掌握其模式复制的规则，也就是说，如果他们可以在日常业务中控制其动态的规范性，就可以最安全地管理现行的系统。客户的品牌忠诚度以公司为出发点，即对公司自身表现的忠诚。当然，这也包括作为社会能量重要载体的标志。

商标（Logo）①是品牌展示自己活动的最简单方式，也是最无效或最无力的方式。

---

① 对于那些坚持拉丁文正确用法的人而言，其写作 Logi。

39. 口号或者现在常说的"主张"对于品牌而言有多重要?

答案:如果你使用对了,就很重要。持久力的最重要因素是时间。其次重要的因素是与品牌及其表现的直接联系。

"我也希望拥有一个像哈瑞宝(Haribo)或奥迪那样得到所有人认可的品牌。"我们在咨询实践中经常听到这句话。我们的回答是这样的:"你看,贵公司成立于 1978 年。从那时起,贵公司使用了 13 种不同的口号,加上一些仅出现在宣传册中的额外口号,还有一种口号仅于 2006 年和 2017 年在互联网上发起的活动中使用过。哈瑞宝公司自 1935 年以来就拥有这一口号,奥迪公司自 1971 年以来就一直使用这一口号。我们怎么能将你的新口号视为其已经存在了 40 年?"

一个品牌不能反映出目前的主张,表明其成熟也需要一定的时间。一项被认为会对公司产生影响的主张可能会反对其他的主张,因此其需要时间来证明自己。顺便说一下,我们在这里谈论的不是几年,而是几十年。这同样适用于品牌管理的其他领域:如果有任何变化,都是在自我相似的框架内进行的。20 世纪 60 年代中期,哈瑞宝扩展了其在德语中的广告语"Haribo-macht Kinder froh"(哈瑞宝让孩子们感到快乐),并添加了"und Erwachsene ebenso"(哈瑞宝也让成年人感到快乐)。在英语国家,它使用的口号是"大人小孩都说好,快乐品尝哈瑞宝"。"但是,如果你像梅赛德斯-奔驰一样,拥有德国汽车行业最著名的口号——"Ihr guter Stern aufall Straßen"(你就是街头偶像),但在 20 世纪 90 年代该品牌完全废除了这一口号,以便在接下来的几年里打造丰富多彩的口号，那么很明显，你没有理解"系统性诉求"（System Claim）的概念，你知道梅赛德斯-奔驰目前的（它自2010年来一直坚持的）口号是什么吗？

有一段时间，每个村庄、每个城市、每个社区和每个联邦国家都认为，它们必须不惜一切代价提出自己的主张，然后忙着创造自己的流行口号。这些从未受到质疑的努力的结果是灾难性的。人们还记得这些口号吗？是否记得他们自己所在城市的口号？是否记得他们所在国家的口号？我们可以自信地谈论一种完全不考虑意义的"互换性竞争"。**从分析的视角来看，口号并不是必需的。**

在当今存在差异化且较为复杂的世界中，对于大多数客户来说，一种新的口号只是与品牌相关的事物，也许客户甚至不会注意到这一点（在这种情况下，这是不必要的花费）。同时，也有"营销口号"，只在广告活动期间使用，因此也把这一项原则发挥到了荒谬的地步。在某些行业，没有宣传口号可能是一个真正的差异化因素。但如果你做了，那就必须做对。原则上来看，如果你确保内部具有持久性，座右铭、主张或者口号可以成为品牌和整个企业文化的组成部分。

成功的关键有三点：口号的正确性、口号的持续性、口号与产品有明确的真实关系。

确保口号在品牌中的使用是明确无误的且与品牌是相互关联的。最好将品牌表现和品牌名称融入口号中。一个当代的口号例子："有些东西是钱买不到的。但对于其他东西而言，万事达卡（Master Card）是万能的。"**也许对于一个成功的口号而言最重要的是时间因素。**

如果公司坚持的时间足够长，即使是最糟糕的口号也可能成为好口号（注意：这是讽刺！）。尽管该公司已不复存在（"无论爱德华·哈顿说什么，人家总愿意听"）或不再使用这句话（例如，快餐连锁店Wendy's在20世纪80年代的广告词是"牛肉在哪里"），但许多俗语仍被人们牢牢记住。现在，一般来说，在 20 世纪 70 年代至 90 年代通过强有力的宣传而打出口号的公司都处于优势地位。当时，广告的影响力要大得多（例如，"在工作、休息和娱乐中，你可以在银河中尝到三种美味"和"你和好事达在一起"）。

丰田在德国的口号"Nichts ist unmöglich"（没有什么不可能）是当代少数几个被人们认为与品牌相符的知名口号之一。对其进行分析可以发现，这句话最初似乎是一句糟糕的口号，它具有可替代性，几乎可以在每个行业和每个品牌中使用。这里显然没有满足口号的基本要求。

尽管如此，自 1992 年问世以来，这一口号受到了极大的欢迎。它已经成为一句流行语，今天，它无疑是丰田品牌成功形象的重要组成部分，在德语国家具有象征性意义。这也表明，要想在未来能够对战略做出有效的陈述，考虑公司的整体历史是非常重要的。

口号可以是品牌象征的一个组成部分，其只在长期使用时有效。

07

第七章

品牌、市场营销和宣传

一个好的宣传者即使借助于事实也能使人信服。

——威斯劳·布鲁津斯基(Wieslaw Brudzinsk)，波兰讽刺作家

40. 品牌管理和市场营销有什么区别？两者不都是为了促进销售吗？

答案：品牌管理必须始终关注品牌体系、整体品牌体系及其强化。它规定了市场营销运作的界限。

一方面，市场营销人员面临着来自上层的销售压力。在某些行业，他们面临的压力似乎是合理的(如制药行业)。另一方面，他们也必须关注品牌。恰恰在这两极结合时，经常会发生崩溃现象(分销时也会出现类似的情况)。在许多公司，这种不恰当的结合导致了这样一种情况，即在可能取得快速销售胜利时，高端品牌很容易在日常业务中被遗忘。在那一刻，那些负责人只看到了瞬间减少库存的机会，却忘记了品牌管理。

这类政策会直接导致拉夫·劳伦(Polo Ralph Lauren)、巴伯尔(Barbour)、Naketano、卡尔·拉格斐(Karl Lagerfeld)和法国鳄鱼(Lacoste)这些品牌的服装在服装折扣店里并排挂在一起。这种产品的可替代性最终导致的后果，在某种程度上，没有人愿意为这些品牌的产品支付常规价。为这种(自我)破坏性操作辩护的最好听的一句话是"这种做法与我们的客户根本没有任何联系"。这正是品牌管理必须与企业管理相联系的原因(见问题27)。

市场营销和品牌管理必须齐头并进。品牌为整个系统提供引擎，并定义允许操作的规范。品牌的性能是驱动一切的引擎，是保持整个系统运行的基本前提。现在市场营销的任务是通过额外的压缩而不产生任何摩擦损失，将这台发动机的性能"带上路"。

在品牌的社会学蓝图中，市场营销也有同样的功能：将品牌管理者和品牌的基因密码指定的性能组件进行混合和配置，让能够使品牌"增值"的表现充分发挥其在市场中的渗透力。市场营销的任务是创造和扩大客户群体，即那些有钱的人。这是一项极具挑战性的任务，因为只有它才能为整个系统注入新的资金，从而为所有相关人员提供资金。

品牌管理必须确保对品牌的长期保护，并确定其行为规范。在日常业务中，市场营销必须在行为规范内向人们展示品牌。

第七章

品牌、市场营销和宣传

41. 有效的市场营销有哪些特点？

答案：好的市场营销始终集中于品牌的细节和核心表现。它确保将这种特殊性全面地传达给顾客。

市场营销是品牌增值过程中极其重要的一环，好的市场营销甚至是整个增值步骤本身。正如前文在问题 40 中所描述的，这是关于品牌表现在销售点的一致性，无论这个销售点在 21 世纪处于什么位置。现实情况是，如今，市场营销和销售一样，越来越被视为公司对整个世界的外部看法。现在市场上发生了什么？其他人在做什么？品牌准则以及自我形象通常显得疯狂又浮躁（见问题 42）。

优秀的市场营销人员知道自己品牌的力量和优势，他们知道一个强大的品牌必须传播信息，而不是接收信息。这种充满自信的营销传播功能在许多地方已经丧失。造成这种情况的原因有很多种，公平地说，这不仅是由于市场营销，还因为紧张的环境和手头任务的复杂性。传统上，市场营销只负责通过营销组合对购买决策产生积极影响，而今天，市场营销的概念在大多数公司中更为全面，因为它包括采购、生产或人员等其他领域。管理任务被视为更全面的任务，这是因为要更全面地满足客户的需求。最后一点但也是十分重要的一点，在一些公司，整个品牌管理的责任在于营销，这意味着公司要专注于完全不同的品牌活动范围。

在强大的公司中，市场营销是价值链的常规组成部分。它每天都为整个品牌的成功做出贡献，并服从于品牌的特殊要求，即使为了保持品牌的边界和长期完整性而不得不取消一笔金钱上的短期有利交易。

优秀的营销人员将自己视为品牌的守护者、倍增器和"前线"的第一人。

42. 与品牌相关的典型营销错误是什么?

答案:营销是以外部导向的方式进行的,而不是从品牌的角度出发的。它不再是品牌信息的传递者,而是外部信息的狂热接受者。

有一种残酷的说法(可能也是一种负面的偏见):"营销不是花钱让你去思考,而是去行动。"糟糕的营销是有意识地在俗套的领域中充当"鼓风机"的角色,并在公司里引起很多骚动。社会学家知道,偏见或俗套通常不会无缘无故地存在,个人经验告诉我们,与公司的常规部门相比,至少在某些营销部门,刮起了一股与公司脱节的风,正在盛行一种不同的自我形象。

然而,有时其他部门并不把营销工作当回事。对于许多在技术或者医学上受过高等教育的人所在的公司而言,这种情况尤其明显。从传统上来看,这些领域对销售工作及销售人员的了解较少,因为它们怀疑这是一项简单的工作,仍然停留在高度复杂的问题表面。简而言之,营销并不总是容易的。

"如果我们的品牌是动物,我们会是什么动物?"

"如果我们是一个汽车品牌,我们会选择大众还是捷豹(Jaguar)?"

我们没有提出这些问题,这些问题实际上是在公司里讨论的。不幸的是,它们触及了所面临的困境的核心问题:①那些负责人不做具体的事情,而是使用抽象的"拐杖"来帮助自己。②事情不是从品牌体系的角度来研究和讨论的,而是从外部来看待的。③内部讨论不再是品牌自身表现的参照物,反而是独立的或脱离了公司的实际。

很明显，这类品牌讨论并非来自控制或研发领域。在这里，品牌社会学谈到"营销与价值链脱钩"，这一现象在大公司中尤为普遍。随着公司规模的扩大，品牌建设和品牌管理的应对方式变得越来越抽象，这正是前面提出的问题的逻辑。尤其是广告商，他们经常说自己"在打造品牌"，这并非巧合。这一表述已经相当恰当、清晰、简洁了。

这种态度的后果是显而易见的。一家公司的品牌推广部门位于时尚大都市纽约，在那里探索趋势并考虑重新定位，而其他员工则留在布法罗，组装空气过滤系统，这已不再是一个孤立的案例。因此，公司和品牌分离，"形象建设"开始了。市场营销部门呈现的抽象世界和生活场景有时离布法罗特别远，在那里，其附加值是通过具体的品牌表现创造的，而这些品牌表现又为位于纽约的总部提供资金。将有代表性的、常规的公司活动和抽象的营销投入并置，可以清楚地表明，这种情况演变成了一个空气很多却没有过滤器的"营销孤岛"，如图 7-42-1 所示。

公司	形象塑造
采购/购买	外部参考
组织部门	主观意愿
控制	生活方式/情绪
全体人员	抽象性概念
顾客服务	隐喻

图 7-42-1　公司与品牌形象塑造创造附加值的方式

市场营销是从外部和短期的角度出发，而不是从内部向外部发展。品牌社会学的方法正好相反，如图 7-42-2 所示。

品牌社会学中的方法	市场营销方法
内部型的	外部型的
以身份为导向	以形象为导向
具体的	抽象的
刻意的	无意的
内部发展的	以市场调研为导向
原因	效果
成功范例	形象分析

图 7-42-2　品牌社会学中的方法与市场营销方法的区别

　　糟糕的营销对品牌的实际表现不再起作用，但是却按照抽象的形象方案行事。

43. 优秀的广告和宣传是如何表现出来的？

答案：优秀的广告是由一个参数来衡量的，即第二天是否卖出了更多的产品。

在视觉广告的预算已经足以为整个 SOS 儿童村（SOS Children's Villages）所在的大都市提供多年资助时（见问题44），这种说法似乎是无意中的倒退，或者是革命性的，也或者是前卫的。这里介绍的对品牌的理解将广告的唯一目的视为促进销售。为此，公司必须利用品牌的整体表现，因为**每一种成功地将自己与人们联系起来的品牌表现都值得被记录**。

成功的广告很少基于一个巧妙的想法，尤其不是基于天马行空的创意。成功的广告遵循可验证的品牌社会学法则，是根据具体情况进行评估的。然而，成功的广告有明确的总体指导原则，必须针对每个品牌单独调整。基于科学的广告旨在将积极的偏见锚定在与公司相关的一群人中，或进一步加深这些偏见。以下是五个最重要的原则：

(1)品牌自身的表现才是主题。

每一家公司都只在市场上提供服务和产品，因为它在做一些特别的事情，有时只是一个细节，但正是这个细节导致一些人明确选择了这个品牌。这种情况意味着一家公司的广告也必须是明确无误的，这是一个绝对的真理，但是往往被人们所忽视。随着时间的推移，每家公司都在人们的头脑中建立了某种市场认知，这就是对品牌的积极偏见。这些想法定义了广告的主题和风格要求。在公司的绩效历史上，没有起源的广告创意可能会在短期内获得成功和关注。然而，从长远来看，只关注与品牌无关的知名度和话题的广告，不会建立或加强对品牌的积极偏见。这种随意性使被广告轰炸的大众越来越难以想起某个品牌名称下的任何东西。但这一概念本身就是品牌信任的基础，如果没有品牌信任，在竞争激烈、具有掠夺性的市场的拥挤渠道中，就不可能获得客户以及客户的关怀。

（2）对在价值链中选择成功的构建要素的限制。

在以细节为导向的研究过程中，广告商必须将产品或服务的所有改进步骤转化为其讨论和潜在活动的材料。在任何情况下，广告都不应与价值链脱钩。否则，广告就有可能与实际公司毫无关系。因此，首先应该确定公司成功的关键因素，如果必要的话，可以单独检查它们与顾客之间的共鸣点。

之后，广告创作应该集中在一个(或最多两个)元素上，并随着时间的推移，以自我相似的方式改变它们。对价值链的主题限制并不意味着仅向公众传递产品信息或与产品相关的技术材料。相反，实际的创造性工作包括尽可能有效地传递技术或服务表现的特征，并通过有说服力的方式利用这些特征，以便现有的和潜在的客户能记住与公司表现相关的一切。一个非常成功的采用此种方法的案例现在成为广告中的经典片段：一辆卡特罗全轮驱动奥迪车展示滑雪跳跃式技巧，以一种迷人的方式展示了四轮驱动车辆的性能。

（3）使用清晰的事实、解释性的示例和真实的能力。

成功的广告利用现有的思维模式迫使个人得出某些结论。例如，牙医使用某种牙膏本身并不能说明产品的质量。然而，我们不得不假设，专家能判断什么是最好的。这个(具有欺骗性的)结论非常不合逻辑，但却是一个很典型的例子，说明了成功的广告是如何利用人类的强烈欲望将一切置于因果关系中的。当广告是具体的并且可以量化时，广告效果最好。人们只记得具体的事情，这就是为什么利用事实的广告会成功。根据这些事实，人们的心理会自动构建抽象的判断。本质上来看，人们无须进一步思考。这种无意识的认识迫使每一位认真的广告商尽可能准备具体、明确和真实的有说服力的材料。

（4）考虑自我相似性的广告模式。

没有蓝色的妮维雅就不是妮维雅，没有帆船标志的啤酒就不是贝克啤酒。几十年来，这些品牌中没有一个品牌用相同的广告主题做过广告，但它们成功地以"典型"的方式出现，并在世界各地人们的共同记忆中扎根。经验表明，成功的品牌具有特定或自我相似性的广告模式。这种自我相似的广告模式是指对某些设计特征的一致保留和变化，以产生自我相似感，如颜色、字体、声音、人物、图案等（见问题14）。使用自我相似性的广告模式大大减少了锚定自己的信息所需的努力，因为只需要一些熟悉的刺激就可以在公众和消费者之间唤起某种联想。

自我相似性的广告模式的创建和维护以清晰的顺序进行。在成功案例的基础上，创建了定义具体广告概念的主题通道，并最终通过自我相似性的广告模式进行宣传。例如，品牌表现链条的所有方面都可以一个接一个地进行传播，但这是在一个明确的框架内进行的，该框架确保只有一个品牌可以被识别为信息的发送者。

（5）利用和整合常见的共振模式。

没有一种产品和服务可以脱离空间地理或理想主义的起源，即使是一个没有名字的折扣品牌，也能唤起人们对"廉价商品"及其外观的独特观念。人们无意但执着地基于某些起源来构图、划定范畴和进行分类。作为一个特别突出的共鸣领域，起源取决于品牌的诞生地（见问题22至问题26）：法国红酒预示着数百年的葡萄酒知识、美食和栽培景观。或者说这些内涵是共同分享的经验价值，它们对生产者而言是免费的，可以用来建立信任。这是品牌宣传的完美起点，尤其是对于新产品而言。"法国红酒"甚至"波尔多葡萄酒"的描述与"红酒"不同。

广告信息不能与描述品牌性能的信息分开。一部广告、一张图片或一个电视节目不能在不突出品牌性能的情况下重复播放。

44. 糟糕的广告和宣传是如何表现出来的？

答案：糟糕的广告是用一个参数来衡量的，即第二天的销售额不会增加。

如果有人在看了广告后说"广告真的很好"，那么广告实际上是糟糕的。如果有人在看了广告后说"那产品太棒了。我第二天就买到了！"，那么广告就不错。你看看当前的广告元素，这种分类似乎相当大胆。广告业的一个突出的宣传点就是要引人注目，这些人确实成功地建立了一种共同的观点，即广告的质量是通过其智慧或娱乐价值，或通过其吸引人的审美情趣和传达一定的情感来衡量的。

这就是为什么我们能看到许多朝气蓬勃的人一起玩拔河比赛，能看到美丽的日落、可爱的小动物、赤脚行走的女人、留着三天大胡子的男人。关于自由的其他典型的可互换主题：骑着小摩托车穿过市中心，开车去海滩，和朋友围坐在篝火旁，和男朋友/女朋友在巴塞罗那闲逛，等等。简而言之，就像日常生活中无恶意的冲动一样狂野。广告可能不想用产品或服务来打扰观众。因此，它们更喜欢展示生活方式、情感和美丽的形象。

在观看了一部超级情绪化的广告后，如果你问，"在广告发布后的一段时间里，销售额是否增加？"，你看到的通常是品牌方愤怒的表情。然后，品牌方总是会将提问者视为绝对的初学者，以一种明确的语气回答道："正如你应该注意到的，这个广告形象根本不是为了促进销售。它唯一的任务是通过形象传达价值观，并将其投射到我们的品牌上。归根结底，这都是关于情感反应。"

即使这听起来很不寻常，广告也应该发挥其应有的作用。它除了宣传和推广品牌表现外别无他用。它不必是娱乐性的，不必是复杂的或为潮流设定的，也不必是美丽的。就品牌而言，这一切甚至可能适得其反。一个品牌，或其背后的公司，并不是因为吸引人们的注意力而存在，而仅仅是因为人们愿意为其表现付费。即使是最吸引人的广告也不一定会导致人们购买该产品。产品本身必须具有吸引力和醒目性，其他方式都不起作用。

如果你的公司想与广告代理商合作或招揽广告，禁止广告公司在展示时谈论结果。在授予合同时要明确这一规则，这将确保该代理商真正专注于打造你的品牌，并且你不会从他那里获得解决方案，因为他已经试图向另外三家公司推销，但没有成功。各代理商总是派出最好的"展示者"参加有关成果的重要会议，而这些人将以一种令人着迷的、完全可以理解的方式向你展示，只有通过这种营销活动才能帮助你取得成功，你会相信并接受它。没有这些语言上的交流，你就只会看到广告或广告位，这种体验就像潜在客户在早上7点的雨中在公交车站看你的广告一样，没有人站在那里过度宣传。你会对提案产生更真实、更美好的感觉。

在糟糕的广告中，品牌的具体个人表现不是重点。如果你隐藏品牌标志，广告也可能被认为是来自竞争对手。好的广告总是与品牌的表现有关。

45. 中小企业的广告是否应该与大型企业的广告有所不同？

答案：中小企业应使用和/或宣传其具有可接触性和灵活性的资产。

即使"中小企业"一词的定义较为广泛，但大多数中小企业的资产仍然比大型企业少得多。几乎没有任何一家中小企业能负担得起一则失败的广告，更不用说一场全球性的营销活动了。当然，它们也想发展。那么，它们可以做什么呢？

中小企业被称为欧洲经济的支柱，这绝非巧合。由于缺乏可用于挥霍的"游戏币"，中小企业不得不把注意力集中在最重要的事情上：它们自己的表现。因此，中小企业将像今天大型企业的创始人一样，始终关注并密切监控公司的卓越表现。所以它们会在附近寻找能够扩大品牌版图的地方。

品牌区域是其目的区域，而不是地理区域。中小企业希望吸引更多的消费者购买其服务，并说服他们坚持购买。根据产品类型，中小企业将建立分支机构并选择产品属性，雇佣新员工，确保交通和运输路线安全，传播信息，开展宣传，等等。中小企业将通过经典广告宣传其专长，或巧妙地结合宣传渠道，通过社交媒体扩大其行动范围。

无论如何，尽管商品世界过于拥挤，中小企业将始终如一地向外界展示其特定产品的独特性。同时，中小企业深知，除了炒作、煽情和提供光鲜亮丽的产品外，它不能向其融资者(其客户)提供任何东西，尽管这可能会引起他们的关注，但他们并不一定会购买。

尤其是在这个消费市场变得拥挤不堪的时代，中小企业有机会"亲自"

为客户提供服务，无论是 B2B 公司还是 B2C 公司。两者的共同点是：一家私人管理的酒店及其员工可以比一家国际连锁酒店进行更紧密、更有效的管理，并调整行动链，无论当地管理多么严格，其都会从中心位置接收指示。尽管对不断变化的需求做出反应需要更多时间，但它始终能在统一的、由管理中心定义的绩效目标和本地需求之间进行平衡。**适应能力是中小企业和大型企业之间的关键区别。**

从这个意义上讲，古老的销售智慧适用于所有行业：小买小，大买大①。一些小型企业的灵活性可能会导致集中式企业结构的混乱，而大型企业的(低成本的)标准解决方案不能也不会满足小型企业的灵活性需求(例如，某些交货条件、小包装尺寸等)。

事实证明，在理想的情况下，中小企业首先应该宣传其个性化的客户导向、接近度和个性化选择。这个领域对大多数大公司仍然是封闭的，即使它们的广告一再试图强调公司内部的这种可接触性。在大多情况下，它仍然是一个世外桃源般的广告世界，只与日常业务有着基本的联系。即使是大批量生产的产品包装上粗犷的签名和手写的个人文本，也不会产生真正的亲近感，它们充其量只是一种怀旧的提示。

中小企业的宣传特点是，它们公开且详细地讲述了所做的事情，即使许多中小企业没有以一台完美的营销机器的方式来展示它们的所作所为(这会使其更加可信)。信息不限于良好的品牌表现或产品优势。在理想情况下，它包括产品在市场上出现之前的整个价值链，从商品或服务的发明者/生产者到包装、建立分销网络或在公司总部选择电力供应商。

事实上，优秀的中小企业所做的正是每一家公司应该做的：为自己树立品牌。对于广告来说，这意味着其需要提供有关真实品牌表现及其优势的信息。2300 多年前，希腊的"万事通"亚里士多德——他在这本书中被称为一位有远见的品牌专家，他谈到了中产阶级及其领导作用，他认为一个

---

① 译注：小的物品从小品牌公司购买，大的物品从大品牌公司购买。

由中产阶级统治的政府是最好的，"在这个政府中，每个人，无论他是谁，都能表现得最好，生活得很幸福"。其理由是，他们认为"遵守理性规则是最容易的"。

那些没有数百万元资产可供自由支配的公司只会谈论如何让自己脱颖而出。紧张的预算迫使它们做好品牌工作。中小企业品牌必须谈论它们的起源和发展。它们必须公开谈论自己的能力和不幸，并让客户参与对话，甚至是提出解决方案，这样做才不会使客户对自己不忠。

如果分析当代对数字品牌管理的需求，很明显，许多中小企业品牌对制造商/供应商和客户之间的沟通产生了新的（数字化的）理解。过去，中小企业品牌的行为比传统市场更明智，其结果是，如今它们满足了许多人的生活方式，并经常在最受欢迎品牌的调查中占据榜首。

所有这些都是有意义的，因为在理想情况下买家是价值创造的共同参与者。这种关系体现了生产者和购买者之间的团结，即"一方对另一方很了解"成为一个经济因素。然而，这些负责人必须意识到，中小企业品牌获得成功的共同基石需要高度的开放性和自我批评的勇气，还需要其企业的可接触性。

典型的中小企业思维清晰，预算有限。它不能在"情感广告"上花费100万美元。幸运的是，中小企业必须打造以品牌表现为基础且与产品自身密切相关的广告。

46."关注度"是关键，"赞"和"粉丝"是新的货币。如果这些说法是对的，那么仅仅基于品牌表现的广告模式是否即将过时？

答案："关注度""粉丝""赞"并不是品牌的货币。它们只是一种没有价值的支付手段。知名度并不能购买一个车队、一台机器或支付一份工资。

通常来说，对一个品牌满意的客户有极大概率会谈论他在该品牌获得的良好体验。在某些特殊情况下，甚至媒体也会对该品牌进行持续报道，可以说这是一种免费广告。这群客户完全是自愿这样做的。更重要的是，他们通常非常乐意地做这件事，有时甚至很高兴，因为他们的个人专长能够在朋友、熟人甚至更多人中得到认可和被需要。

从构成比例来看，至少有一半的人际对话可能围绕着我们已经付费的或看到过的品牌表现，而这些品牌表现或许是我们正在使用的、打算在未来使用的，也或者是我们拒绝的。品牌及其表现是人们经常谈论的热门话题。这并不奇怪，毕竟它们是极其重要的，总是以某种方式不断地围绕着、影响着我们。

消费者群体拥有共同的、真实的产品体验是非常重要的。虽然广告也会产生联系，但这些联系往往对品牌忠诚度没有任何贡献。在大多数情况下，广告活动、事件和其他此类活动只能创造短期的关注，有时甚至不会关注于广告中所宣传的品牌表现。仅仅是关注度并不能加强品牌效应，一个随手点击的"赞"并不一定是真正情感上的关注或对品牌的长期忠诚度。

"关注度"这个词体现了整个社会的一个问题。如今，如果你在品牌宣传中投入大量的精力，至少还是有可能获得一些短期关注的。但要保持这么高的关注度的成本非常高，你必须不断地超越自己或通过其他方式以获得更多的关注。

对于品牌来说，一项更好、要求更高，但在经济上更可行的决策中囊括了品牌长期固定的表现。当那些拥有独特表现历史的品牌，在没有必要的情况下，自愿将自己投向品牌版《与星共舞》(*Dancing with the Stars*)时，这就更令人难过了，仅仅是因为它们认为，如果你想接触到某些目标群体，就必须这样做。它们的内在逻辑是"其他人也在这样做，所以我们不能错过"。

相反的策略则是更正确和更经济的。仅由品牌表现引发的客户群的热情就能够在更广泛的公众中产生同样的魅力，最终可以吸引新的、真正的客户(关于五种不同的客户类型，见问题 47 和问题 48。)

> 许多广告商表示，创造性和独特性有一种神秘的力量，因此，广告必须吸引人们的注意力。这是一个混淆了手段和目的的典型例子。因为如果一款产品值得人们花钱购买，它就值得关注。
>
> ——罗瑟·瑞夫斯①

---

① Reeves, Rosser: Werbung ohne Mythos. Munich 1963.

第八章

品牌与顾客

47. 品牌社会学将市场参与者划分为五种类型。为什么？这样做有什么好处？

答案：根据客户对品牌的忠诚度来看待客户网络是至关重要的。只有紧密联系的客户群才是品牌管理的有效准绳。

由于一个品牌持续发展的能量是由社会提供的，所以审视这种社会能量是很重要的。它是由那些购买品牌产品的人形成的，即那些对品牌的性能有一定信心的人。有些品牌拥有比其他品牌更强的社会能量，它们具有更强的吸引力。以下是一些例子：玛莎拉蒂汽车可能比福特、现代（Hyundai）或通用（GM）的汽车更有吸引力；对汰渍的积极偏见可能比对巧妙洁（Xtraclean）的更强烈；人们愿意为一包奇多（Cheetos）的奶酪零食支付比其他奶酪泡芙竞争对手更多的钱；等等。

例如，有些品牌是在地铁站内的售货亭随手购买的，而有些品牌则是刻意购买的。因此，社会能量和吸引力就像每个品牌一样，它们是独立的。当人们被一种产品吸引时，社会能量就产生了。正如刚才所解释的，这种吸引力可能有很大差异。因此，你必须分析单个品牌的客户网络。仅仅谈论"顾客"是不够的，因为买家与品牌的社会联系可能会非常不同。

例如，传统上，商店品牌相较于名牌产品的固定购买者较少，或吸引力要小（即使是在许多名牌产品呈现出自我毁灭趋势，逐渐衬托出商店品牌赢得市场的情况下）。如果我们在这两种情况下谈论"顾客"，即简单地比较销售数字，我们会对两个品牌的吸引力产生纯数字印象。然而，这种

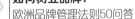

吸引力的原因是无法通过分析确定的。为了获得有效的结果，必须根据买家与品牌的社会联系程度来划分买家的总数。只有这样，才有可能解释品牌独特的捆绑性和吸引力。

品牌社会学通过定义五种类型的人来描述这些强度。社会学家亚历山大·戴希塞尔（Alexander Deichsel）区分出了以下几种类型：消费者（Consumer）、购买者（Buyer）、顾客（Customer）、客户群（Clientele）、特殊情况下的行家（Connoisseur）。

这五个群体对品牌的依赖程度不同（见问题48），在消费者中最不明显，在顾客中最强烈。一次性购买者对于一个品牌来说并不像其顾客那样重要，其具有完全不同的经济功能。例如，个别买便宜货的购买者从未成为顾客，更不用说成为客户群的一部分。这种情况在以后也不会出现，因为那时他们宁愿四处寻找那些不那么明显地吸引顾客的品牌，即那些有明确边界并始终坚持自己的品牌。

一般来说，顾客是对品牌产生积极偏见的主要人群，因此也是公司及其每一项对外（宣传）行动的关键。**记录品牌强度的最重要标准是顾客对品牌的积极偏见的凝聚力。**

品牌只有在具有高度统一的外观并能够提供指导的情况下，才能成为市场导向，人们一般都会选择向他们传达最具凝聚力的内部形象的品牌。强势品牌在品牌发展过程中会出现特定的模式，并通过顾客的积极反馈进一步得到强化。简而言之，强势品牌将之前漂浮不定的购买者归类为客户群。尽管客户群中的单个个体会有波动，但由此产生的模式仍然出奇地稳定。为了评估品牌的影响状况，按照这五种类型对买家群体进行考虑和分类是极其重要的。简而言之，顾客的比例越高，品牌的个人吸引力就越强。

　　一个品牌的实力和社会吸引力与其客户产生的积极偏见的力量相关，也就是与凝聚力相关。这种偏见越明晰，品牌就越强势。

　　因此，强势品牌往往会两极分化，其实力和凝聚力会引发强烈的对立。

48. 五种类型的市场参与者有什么不同的特点?

答案：这五种类型的市场参与者对品牌的社会依附程度有所不同。品牌的吸引力和稳定性随着这些类型在品牌系统中的分布情况而变化。

一个品牌的强度区由消费者、购买者、顾客、客户群和行家组成。品牌社会学根据品牌所处的社会联盟的特点对这些通常使用不准确、同义的术语进行分类。然后，它们被区分开来。行家是这些术语中的一个特例。这一划分与根据人格类型进行区分的模式不同。这一划分考虑到一个事实，即人们与其购物篮中的不同产品和品牌在体验方面存在不同联系。对于品牌背后的公司来说，它对有太多选择的消费者(经常被提及)在不同的市场上如何自由选择并不感兴趣。相反，它想知道消费者对其品牌的联系有多牢固和多持久，以及需要做什么来加强这种联系。

消费者

消费者不受品牌表现的约束，他们是中立的市场参与者。他们进入一家商店只是为了迅速地满足自己的需求。这些地点可以是一个火车站的售货亭或其他商店。品牌方不需要与他们建立持久的客户关系，也不需要花大力气向这些消费者解释自己的品牌表现并使其成为长期信任品牌的人。因此，这种类型的市场参与者与品牌管理的目的无关。

对于消费者而言，他们与每个品牌间都存在不受限制的潜在利益关

系，可能会被纳入竞争的品牌体系中；对于品牌而言，他们是独立的市场
参与者；对于品牌公司而言，他们不是一个可靠的因素。

购买者

购买者已经对该品牌有一定了解，知道它不会出错。该品牌在其购买
名单中，但购买者不一定会经常购买。如果购买者所需的产品缺货，其也
会去购买该品牌竞争对手名下的产品。结论：这种类型的人对品牌公司来
说也不是一个可靠的因素，因此不适合作为一个长期的融资者。

对于购买者而言，他们有初步的产品体验，被争论和情绪所左右，对
价格敏感，对品牌公司来说不是一个可靠的因素，他们的购买意愿仍然是
基于特定的情景，是不可靠的。

图 8-48-1 为消费者、顾客、客户群三者的区别。

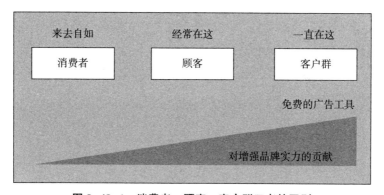

图 8-48-1 消费者、顾客、客户群三者的区别

注：所有的权力和精力都必须集中在客户群身上，这是品牌实现健康成长的唯一途径。

资料来源：Büro für Markenentwicklung。

顾客/客户群

顾客经常购买某种产品，同样的情况也适用于客户群。这两种类型的

人都把品牌看作是他们日常生活的重要组成部分。顾客的定期性光顾对于品牌实体非常重要，会使信任关系变得更加稳定，财务安全性也会增强。客户群跟随个体客户的社会性成长，他们盲目地依赖知名品牌，并乐于向他们的熟人圈子推荐该品牌。他们也是一个品牌的"体验储存器"，储存着对品牌的积极偏见。这两种类型在对品牌的依恋程度方面存在细微差别，但最重要的是它们之间的联系程度存在较大差别。顾客坚守其心目中的品牌，但其与品牌之间的关系是通过个人体验形成的，而那些属于客户群的人则相信集体的共同判断。

对顾客而言，他们与品牌建立了个人关系，在选择产品时较少进行比较，已经与品牌建立了稳定的信任关系，对价格不太敏感，有利于增强公司的财务安全性，购买和使用已经成为他们的一种习惯。

对客户群而言，他们是品牌信任的承载者，是积极偏见的持有者，是一个网络化的社会格式塔系统，对价格不敏感，不受外界争论的影响，他们通过品牌的吸引力而自动扩大群体，是品牌（性能体验）的遗传有机体，保证运营效率和财务安全。

一方面，当有美好的、快乐的事情可以讲述时，客户群是非常乐意交流的。另一方面，当他们的信任被辜负时，他们会感到恼怒、失望和愤慨。这些正是一个品牌所需要的特征，即24小时都为自己的公司打广告。客户群在他们自己的社会环境中运作，比任何媒体宣传更值得信任，而且与潜在的新客户有独特的亲近感。这就是公司要追随成功的 YouTube 明星的原因之一：他们已经拥有500万真正的好朋友，如果有人在他们的新视频中递给他们一瓶健怡可乐（Diet Coke）……

行家

行家并不存在于每个品牌体系中，但可以在品牌的发展中占据一席之地，因为他们强化了品牌。行家对品牌有积极的，有时甚至是热情的看法，但不拥有其产品。虽然他们不贡献金钱能量，但他们在品牌的社会结构中占有重要地位。不管为什么他们不能（或不想）购买产品，他们都为品牌系统增添了活力，因为他们有力地帮助品牌传播积极的偏见。可以说，行家是客户群的一员，而不是顾客。

下面是一个示例。一位阿斯顿·马丁（Aston Martin）独家品牌的崇拜者，其收藏室里有三个比例为 1∶18 的 DB-1 至 DB-11 模型车展示柜，他会好奇地从行业媒体（或詹姆斯·邦德的电影）中获取有关该品牌的所有新闻，他的这种做法当然可以成为阿斯顿·马丁品牌声誉的倍增器，即使是路虎车也会在他家门前生锈。这位行家活跃于汽车论坛，经营着一个专门关于阿斯顿·马丁品牌的博客。通俗地讲，他是一个无偿的有影响力的人。

特别是在社交网络下，参与品牌和能够与品牌形成良好关系的行家对品牌来说变得更加重要。社交网络成为形成、公开讨论和深化品牌意见的地方。品牌的拥护者可以占据重要地位，他们可以在亚马逊和其他平台上发表评论，等等。许多成功的生活品牌或化妆品博主，作为这一领域的行家，难免会有人建议其在博客中介绍某些化妆品品牌的产品。

对行家而言，他们是品牌的积极偏见的持有者，不受外界争论的影响，是品牌的遗传有机体，传达并强化品牌的积极偏见，他们依靠网络，在社交媒体、博客、专业论坛等运作。

这五种类型的人对于理解品牌实体的一致性非常重要。他们可以量化品牌实体内部的五种强度等级。了解这些类型所占的比例，可以作为操作品牌稳定性、魄力程度和未来发展路线的出发点。**一般来说，如果品牌在很大程度上主要依赖客户群，那么这些品牌就特别稳定。品牌内的客户群所占比例高，意味着对大多数经常购买该产品的人来说，除了购买该产品外他们别无选择。**

一方面，这些稳定的品牌主要通过自我相似的演变或针对客户的持续的社会整合来自动扩大客户群，也就是说，只有通过集中精力才能实现扩张。另一方面，高比例的客户或消费者表明存在大量理性购买的个人，他们与品牌几乎没有联系。这样的系统通常是不稳定的，更容易被破坏，而且必须一次又一次地尝试。例如，通过诱人的折扣活动来赢得人们的青睐。对于促销活动和所有与之相关的说服工作来说，都需要付出巨大的努力。

"也许公司可能犯的最常见的错误是试图通过吸引新客户来推动增长……如果可以限制老客户向竞争对手的迁移，那么增长是自然的结果。"

——美国品牌专家大卫·艾克①

品牌方必须使所有宣传活动与自己的客户群保持一致。客户群的增长只能通过整合来实现。对品牌感到满意的顾客会吸引更多有亲和力的消费者。

---

① Aaker, David A.: Management des Markenwertes. Frankfurt / M. 1992.

49. 在数字时代，面对无限多的选择和日益复杂的市场，是否仍能在顾客中实现持久的品牌忠诚度？

答案：有可能。信任完全建立在熟悉的基础上，而不是建立在持续的适应和优化上。产品的每一种多样化都必须优化品牌的核心表现。

"现在的客户群绝对是不可预测的""以前不是这样的""现在已经没有品牌忠诚度了"，以上这些说法很常见，你不仅会从营销专业人士那里听到这些话，也会从政治顾问那里听到这些话，只不过他们将"客户群"一词替换为了"选民"。这种对客户群或一般人的理解，证明了对因果关系的完全误判；反之亦然。由于一家公司(一个政党)不再发出明确的信号，也没有向外界提供清晰的情况(原因)，客户群(选民)中存在着长期的混乱，这自然会导致日益严重的分解(效果)。

作为精通市场营销和法律的马克思也曾想过这一点。根据马克思的观点，在商品价值方面，现代的特点是，以前的物质损耗越来越被道德损耗所取代。这意味着习惯，尤其是消费者习惯，是不断变化的，从而影响我们的日常购买行为。本月的热门产品将在一年内(至少)不再销售，因为所谓的进步不断地将人们的市场决策转向新产品，这就是马克思所说的"产品周期"，其出现早于"市场营销"一词。

一个被视为资本主义经济体系优秀对手的人是多么的有远见。聪明的对手总是以对敌人的深刻了解为特点。马克思详细地描述了如何减少道德损耗的风险，他认为缩短流通时间的主要手段是改善通信方式。[①] 他提到了物流优化，但从品牌社会学的角度来看，经典广告使用了这一逻辑。当我为一种产品做广告时，我会确保它很快售罄。这种做法降低了道德损耗的风险。

然而，在21世纪，永久或固定的产品供应显然与严格以增长为导向的经济目标背道而驰。事实上，生产过程中必须考虑到每种产品的"计划报废制度"。从理论上讲，广告专业人员的任务是在尽可能短的时间内让新购买的产品看起来"旧"，以促进产品的更换。这一任务通常需要通过不断拓展选择或个性化选项来实现。

你有没有想过，你是否真的需要智能手机上所有这些新的广告功能，或者使用这些功能仅仅是为你提供"新"的内容？你更换了上一部智能手机是因为它出现故障，还是只是因为你想要一部新的手机（或者你签署的合同迫使你做出改变）？

苹果、三星、华为和其他手机运营商，以及许多其他行业都遵循这种模式。两年后，汽车的第一次"改头换面"发生了，时尚行业本质上是基于变化和趋势的，现在的系列变化在速度和数量上都很出色。

平均每家超市提供大约10000种产品，在快速消费品领域，每年就有30000种新产品进入市场，仅在德国，每年就注册了60000多个品牌。但与互联网上的信息过载相比，这一切看起来简直不值一提：

- ◄ 几年前，每分钟发送2.04亿封电子邮件。
- ◄ WhatsApp发送了1380万条出站消息。
- ◄ 上传了500小时的视频材料（相当于每天上传了82年的视频）。
- ◄ Facebook上发布了51万条评论。
- ◄ Twitter上发送了40万条推文。
- ◄ 每天增加2.5万亿字节的数据，相当于迄今为止所有书籍每日印

---

① Marx, Karl: Capital. Berlin（East）1973, p. 81.

刷据量的 12.5 倍（截至 2014 年 6 月 21 日）。①

这些数字对我们关于产品的理解有什么影响？更换的高频节奏阻碍了我们对产品建立个人习惯。如果某些家具(甚至是一台收音机)作为私人设备陪伴了我们的祖父母的一生，它们越来越靠近他们的心，但是这种现象不会发生在智能手机的两年更换周期中，因为这是手机供应商协议的强制要求，或者是宜家家具注重成本的购买要求。有 30 年历史的宜家家具甚至成为了收藏家的收藏品。"复古风格"产品(看起来很旧的商品)的盛况表明了人们对有历史的商品的深切渴望。借助于这种媒介，我们可以在不真正体验历史的情况下说明或呈现历史。

这对品牌的影响是根本性的，因为产品本身越来越成为一个功能性的目标。它没有发展自己的历史，而是还原为纯粹的功能。产品背后的品牌现在承担了打造耐用性的任务，只是它在完全改变的情况下才会这样做，而这实际上却是品牌最初的任务。我不再购买××产品，而是购买××品牌不断变化后的产品。因此，产品的寿命越短，其背后的品牌就越重要。

在社会快速发展的背景下，品牌的社会心理价值再次变得尤为明显：品牌创造了，或者更恰当地说，暗示了一种偶然性；该品牌能够化身为"符合预期"的灯塔，尤其是在产品更迭速度最快的领域；品牌具有新生的共同信任或积极的偏见；它们代表着一种深刻的社会价值。

市面上的很多选择都很诱人，但谁真的会买，多久买一次？由于国际贸易的不断增长和超市货架产品的不断更新，在 21 世纪的实体品牌越来越多，但复制自己的品牌表现仍然是一个强势品牌获得成功的持续途径。而这恰恰发生在品种的加速变化方面。好的体验创造了记忆、一致性和承诺感，因此，在复制好的体验和美好的记忆时，品牌发展成了一种个人习惯。

---

① 资料来源：Computer image/Statista(上网日期为 2014 年 6 月 21 日)，详见 http：//www.computerbild.de/artikel/cb-Aktuell-Internet-eine-Minute-im-Internet-10197343.html。

习惯越牢固，漫游的能力就越随意。有很多选择的人正在寻找新的事物，但要注意，这些只是他们的习惯发生的变化。当普通人能够信赖他们喜爱的品牌的质量、价格、位置和外观表现而不必考虑超过 2500 个单独的选择时，他们此刻仍然是最满意的。在公司中，那些热情地提出越来越多选择的人，应该更多地考虑这种现实的、日常的想法。在自我相似的背景下，什么是有益的创新？你又需要避免什么？

一些品牌已经成功地熬过了几个世纪的技术创新和政治动荡，这些品牌的存在证明了在不断变化的日常现象之下，人类对持续性的强烈渴望。

09

第九章

品牌管理、创新和未来

当你出生时，世界上的任何事物都是正常和普通的，它们只是世界运作方式的自然组成部分。

你在 15 岁到 35 岁发明出来的事物都是新的、令人兴奋的、革命性的，你可能会以此为职业。

35 岁以后发明的事物都是违背自然规律的。

——道格拉斯·亚当斯①

---

① Adams，Douglas：Lachs im Zweifel. Munich 2005，p. 134.

50. 自我相似性的品牌进化、创新和进步：如何实现？

答案：强势品牌将每一种趋势和每一项技术创新转化为非常典型和具体的事物。或者拒绝这么做。

严格的以科学为导向的品牌管理是否会限制公司的创造力，从而限制其创新实力？它应该始终建立在现有结构上。那么，突破性的创新是如何产生的呢？

成功的构成要素是全面的和可持续的设计，只要它们仍旧符合品牌建设的"精神"，支持或促进品牌的发展，这些构成要素之间就可以进行相互交换。因此，品牌经理必须一遍又一遍地问自己，目前的品牌表现/组成部分是否仍然符合时代精神，或者是否需要在不由外部决定的情况下进行周密的重组。例如，几十年来，许多银行一直坚持穿西装打领带迎接客户。如今，与客户有联系的男性员工可以不打领带上班，只要他们的着装风格看起来是高档的。时代精神允许这种情况发生，在这种环境下，即使是跨国公司的首席执行官也不刻意穿双排扣西装。构成要素层面在不断发生创新，通过这种方式，一个品牌始终保持着进步。

以下是与创新或其他新发展有关的自我相似性品牌管理的关键问题：①整个系统是否因此得到了实质性的强化？②品牌体系是否清晰可辨？③创新/新发展是否与我们的核心表现的(易于理解的)逻辑相关？它是否增强了核心表现？

有了这些问题和自我相似性的原则，品牌抵御了对其自然秩序的攻击，从而确保了其生存。因此，从品牌角度来看，"去创新化"是每一项创新的目标。

> "新"本身并不是一种价值。"创新"本身也不是一种价值。每一个取得进步的品牌，都必须不断检查它是否以及如何利用市场发展来强化自己，即了解什么与品牌相关，什么与品牌无关。

第十章

结论：关于品牌的未来

思考：在日益喧嚣的数字风暴中，品牌的前景如何？我们都是大型数字品牌革命的一部分吗？那么，这是否意味着这本书中的内容都过时了？

答案：没有。品牌仍然是品牌。品牌必须保持本色，尤其是在数字风暴中。品牌管理的基本法则同样适用于工业 4.0 时代。只要普通人做出购买决定，这些法则就有效。

自 21 世纪初以来，许多被认为是专家和科学家的人一直在谈论数字化，以及数字化对整个世界，特别是对个别公司或机构的影响。商业新闻、讨论会、协会会议都离不开"数字化"这个流行词。首席执行官、记者和政治家前往硅谷或亚洲被公认为新数字世界的发源地的地区，然后带着他们新长出的时髦胡子飞回本国。

一些人谈论目前正在进行的第四次工业革命。尤其是在大公司，这一话题一直在升温，多年来的基调是，"那些周一不进行'数字化'的人，周二就已经完全失去了他们的轨迹"。然而，这么夸张的场景只有在进一步探究后才能展现其真正的影响：数字化对个人/公司而言到底意味着什么？来自查塔努加（Chattanooga）的瓷砖、全球汽车制造商、街角的烤鸡餐车或机场的会议酒店，当每个人都参与（或想参与）"数字革命"时，会是什么样子？

人们一致认为，数据的收集和评估非常重要。"大数据"或"数据黄金"（Data Gold）等术语经常出现。事实是，仅从千禧年左右开始，产生的数据就超过了在此之前的整个人类历史上所产生的数据(另见问题48)。但要回答个人战略问题并不容易。收集数据并将其像贴纸本中的贴纸一样应用，这显然是不够的。一个人如何行动？如何维持品牌？我们现在一定要改变吗？

和往常一样，我们有必要分析一下这些因数字化产生的浮躁现象。我们希望人们能够遵循我们在本书前言中的呼吁，采取一种中立态度和通过一些客观事实来看待这一问题。毫无疑问，在近期和遥远的将来，一种具有很大经济潜力的相关渠道已经出现。尽管我们对数字创新和人工智能充满了兴趣，但我们还是想短暂地、强烈地踩下刹车。虽然我们日常生活的节奏大大加快，但有一件事是不能否认的，在数字时代的风暴中，人们和他们的需求并没有真正改变。或者，当被问及公司本身时，"在互联网上进行说服真的与每周在本地市场上进行说服完全不同吗?"**品牌管理一直以来都是信任管理。信任是一种不会失效的社会机制，因此，信任是品牌生存所需要的一份保险。**

优秀的销售员想要通过与客户之间建立个人关系，从而将自己与客户紧密地联系起来。他们清楚，只有建立起信任，才能取得持久成功的事业。特别是在被认为相当客观的互联网媒介中，挑战在于如何成功地将这种"受人尊敬的推销员"转移到平台上。这种适用于每位销售人员的方法也适用于每家想要销售产品的公司(无论它在哪里)，品牌必须以数字化的方式强制执行这种模拟模式，从而在这些(新的)地方得到认可，这带来了一些挑战：

(1)第一步是以有意义、自我相似的方式，在品牌成功的基础上，将经典模拟和数字联系的可能性联结起来。为此，有必要详细生成公司表现的报告，这意味着品牌的表现决定了客户对其的积极偏见(见问题18和问题19)。品牌信任基于品牌的真实性。小书店必须考虑如何将其店铺的魅力传递到更广阔的数字世界，全球奢侈品珠宝商必须研究如何有说服力地将其高档精品店转移到网络上，等等。

（2）在这一步中，必须使用第一步中制定的基本准则，来详细制订数字层面的实施方案。下面是一些典型的例子：一是如何以数字方式实现"个人联系"？尽管有数字订购选项，但是否还会有一个包含照片和电话号码的私人联系人链接？根据产品的复杂程度，你是否希望坚持提供个人建议，以展示你的技能和责任？二是网上可以全天候地进行购物，那么连锁店如何吸引顾客到店内购物呢？连锁店必须清楚地向他们表明，其购买动机是可以直接接触商品，且这一点不会被取代。在网站上下单，在就近商铺线下取货，这是一个很好的出发点。

（3）信息的记录和评估与最初的方式有所不同。视觉内容越来越重要，动态图像比文本具有更高的承诺水平。

（4）在搜索引擎优化（Search Engine Optimizing，SEO）的帮助下，公司/品牌试图在谷歌的搜索结果中占据靠前的位置。评估的基础在于谷歌，其搜索算法的所有细节都不清楚。此外，参数也会反复更改。近年来，评估"相关内容"的依据至关重要。其结果是，许多网站充斥着各种描述和长文本，希望这些内容能够在搜索结果中排名靠前。这种策略的问题在于对内容进行压缩，尝试降低复杂度，而这两点彼此矛盾。从逻辑上来说，接下来的问题是："如果访问者不能再了解公司的核心服务，那么排名靠前有什么好处？"结论是什么？首先是具有自我相似性的网站，然后是匹配的搜索引擎优化策略。

（5）应定期衡量活动及其贡献。重要的是要知道什么是受欢迎的，这样你就知道哪里需要加强努力。成功的关键是销售。

（6）作为一家公司，可以亲自参与其中。如果你的房子着火了，你不会想要发电子邮件给消防部门网站（info@ firedepartment. com）来召集消防队。常见问题、匿名帮助、现成的问题和答案会惹恼客户，尤其是在出现问题时，大多数人仍然希望来一个真正的问题解决者一起解决真正的问题。能够直接拨打电话(而不是一串1~800的数字)或亲自过来，可以更好地利用数字化的媒介。

在公司通常使用的媒体渠道中，主要的问题不是提供尽可能多的信息(至少不是第一眼看到或第一次点击)，而是关注两种(最多三种)偏见，并尽可能使这些偏见生动、令人印象深刻。智能手机的小屏幕迫使品牌坚持其主要偏见，即用户将在哪里进行首次点击。关键在于对偏见的关注！当人们听到公司的名字时，他们会自然而然地想到什么？

从根本上讲，数字化的话题有一些积极的方面。它迫使公司改进其品牌工作。团队必须高度关注企业的复杂性，以便在媒体上完成所有内容。这与过去三十年来许多公司所做的恰恰相反，它们试图渗透到每一个细分市场，为每个人提供各种形状和不同价格范围的产品。

广告业的发展使人们不再相信广告。这就是为什么应该强调审查备选方案和征求意见的途径。收视率越高，销量就越高，购买的人群会吸引其他人群。这也适用于社会关系。四星级评级的产品通常比严格的五星级评级的产品卖得好，因为我们现在已经习惯于区分"真实"评级和"购买"评级，并对"太完美"的酒店、餐厅等产生了不信任感。由于这种评级的透明性，从长远来看，新的广告渠道也将具有一定的公平性，公司也会致力于保持一致的品牌表现。

即使这很困难，我们也必须从客户的角度(而不是从组织的角度)思考和应对挑战，并在此基础上进行数字化。要注意，品牌是指品牌告诉别人它是什么，而不是别人说品牌是什么！因此，应仅根据你自己的系列表现进行调整。记住，消费者主权并不意味着消费者独裁。对一家公司来说是正确的事情，对另一家公司而言可能是绝对不允许的。以自我相似的方式实现公司的显著特征至关重要。

每条数字渠道都有自己的规律。一般来说，最好在少数渠道上完美地展示品牌，而不是在所有渠道上表现平平。不要因为其他人在使用Instagram，就去使用它，而要问问自己，这条渠道是否与客户相关，是否可以合理地维护。不参与某个渠道也可以用来积极强化品牌，比如你可以说"我们不使用 Facebook 是因为……"（尽管自 2018 年丑闻以来，这句话已不具有原创性了）。

只有当每个品牌都开始详细了解其所代表的事物，并且认识到其积极的偏见时，这本书中所写的一切才会成功。在不了解、不宣传、不严格执行其核心表现承诺和设计风格的情况下，公司只是一个没有个性的实体，只能通过大量的呐喊（高额的广告支出，把事情做到极致）来吸引眼球。我们向你保证，在执行过程中所做的工作和必要的一致性是值得的。

永远不要忘记，无论是在数字市场还是模拟市场，品牌都是"唯一"的积极偏见。尤其是在数字化领域，公司的任务是将品牌的复杂性更加强烈地集中在自己的核心表现上。

参考文献

［1］ Aaker, David A.: Management des Markenwertes. Frankfurt/M.
1992.

［2］ Aristoteles: Politik (Erstes Buch). Hamburg 1981.

［3］ Berekoven, Ludwig: Geschichte des deutschen Einzelhandels. Frankfurt/
M. 1987.

［4］ Brandmeyer, Klaus: Unterwegs in Sachen Marke. Aufsätze und Vorträge
zur Markenführung. Marketing Journal, Hamburg 1990.

［5］ Coupland, Douglas: Generation X. Geschichten für eine immer schneller
werdende Kultur. München 1991.

［6］ Disch, Wolfgang K. A.: Menschen im Markt. Wunsch nach Individualität-
trotz der Masse. Marketing Journal, Heft 5/2000.

［7］ Errichiello, Oliver / Zschiesche, Arnd: Erfolgsgeheimnis Ost. Survival-
Strategien der besten Marken-und was Manager daraus lernen können. Wiesbaden
2009.

［8］ Errichiello, Oliver / Zschiesche, Arnd: Grüne Markenführung. Wies-
baden 2017.

［9］ Horkheimer, Max: Über das Vorurteil. Köln und Opladen 1963.

［10］ Marx, Karl: Das Kapital; Kritik der politischen Ökonomie. Stuttgart
1957.

［11］ Reeves，Rosser：Werbung ohne Mythos. München 1963.

［12］ Weizsäcker，Carl Christian von：Ordnung und Chaos in der Wirtschaft.
In：Gerok，Wolfgang（Hrsg.）：Chaos und Ordnung in der belebten Natur.
Freiburg 1988.

附录 "品牌建设与管理经典译丛"书单

第一辑

《品牌的本质》(*Brand Meaning*)

《品牌突破：如何建立品牌，穿越喧嚣的市场，从竞争中脱颖而出》(*Brand Against the Machine：How to Build Your Brand，Cut through the Marketing Noise，and Stand Out from the Competition*)

《品牌与品牌地理化》(*Brands and Branding Geographies*)

《品牌与人才》(*Brand and Talent*)

第二辑

《品牌 IDEA：非营利品牌建设的完整性、民主化与亲和力》(*The Brand IDEA：Managing Nonprofit Brands with Integrity，Democracy，and Affinity*)

《品牌弹性：高速增长时代的风险管理与价值恢复》(*Brand Resilience：Managing Risk and Recovery in a High-speed World*)

《垂直品牌组合管理：制造商与零售商之间的整合品牌管理战略》(*Vertical Brand Portfolio Management：Strategies for Integrated Brand Management between Manufacturers and Retailers*)

《现代品牌建设与管理》(*Contemporary Brand Management*)

《品牌关系指南》(*Handbook of Brand Relationships*)

《反思地方品牌建设：城市和区域品牌的全面发展》(*Rethinking Place*

Branding：Comprehensive Brand Development for Cities and Regions）

第三辑

《品牌：让相遇难以忘怀——如何创建品牌与消费者之间强大的亲密型关系》（Romancing the Brand：How Brands Create Strong，Intimate Relationships with Consumers）

《人文品牌：如何建立品牌与人、产品、公司之间的关系》（The Human Brand：How We Relate to People，Products，and Companies）

《品牌力：世界级品牌的管理艺术》（Power Branding：Leveraging the Success of the World's Best Brands）

《品牌优势：领先品牌的 50 个建议》（The Edge：50 Tips from Brands That Lead）

《品牌创新：伟大的品牌如何建设、推出新产品、新服务和新商业模式》（Brand New：Solving the Innovation Paradox—How Great Brands Invent and Launch New Products，Services，and Business Models）

《建设优质品牌：品牌战略与标识发展的全面指南》（Building Better Brands：A Comprehensive Guide to Brand Strategy and Identity Development）

《品牌挑战：行业品牌建设责任》（The Brand Challenge：Adapting Branding to Sectorial Imperatives）

第四辑

《品牌健身房：数字时代的品牌塑造战略（第三版）》（The Brandgym：A Practical Workout to Grow Your Brand in a Digital Age）（Third Edition）

《如何树立品牌：欧洲品牌管理法则 50 问答》（Reality in Branding：The Rules of European Brand Management in 50 Answers）